DIVERGENTE

GUIA OFICIAL DO FILME

KATE EGAN

TRADUÇÃO DE FLORA PINHEIRO

PRUMO

Jaap Buitendijk, que fotografou as filmagens de *Divergente*.

Título original
DIVERGENT: OFFICIAL ILLUSTRATED MOVIE COMPANION
™ e © 2014 Summit Entertainment, LLC;
Copyright do texto © 2014 *by* Veronica Roth. Todos os direitos reservados.

Edição brasileira publicada mediante acordo com HarperCollins Children's Books, uma divisão da HarperCollins Publishers.

Fotos das páginas 10, 20 e 32, cortesia de Veronica Roth; página 11 (no alto) © 2011 HarperCollins Publishers; página 27 cortesia de Joanna Volpe; página 30 (no alto) cortesia de Becky Anderson; página 30 (embaixo) arte de capa francesa © 2011 *by* Editions Nathan Jeunesse; página 31 (no alto) arte de capa brasileira © 2011 *by* Editora Rocco Ltda.; página 31 (no alto) arte de capa espanhola © 2011 *by* RBA Libros, S.A.; página 31 (no alto) arte de capa russa © 2011 *by* Eksmo Publishers LLC; página 31 (no alto) arte de capa italiana © 2011 *by* Istituto Geografico De Agostini; página 40 (embaixo) © 2011 *by* Merie Wallace, cortesia de Fox Searchlight Pictures; página 41 (embaixo) e 44 © 2013 *by* Wilford Harewood, cortesia de A24 Films; página 52 licenciada por Warner Bros. Entertainment. Todos os direitos reservados.

Nenhuma parte desta obra pode ser reproduzida ou transmitida por qualquer forma ou meio eletrônico ou mecânico, inclusive fotocópia, gravação ou sistema de armazenagem e recuperação de informação, sem a permissão escrita do editor.

Direitos para a língua portuguesa reservados com exclusividade para o Brasil à EDITORA PRUMO LTDA.
Av. Presidente Wilson, 231 – 8º andar – 20030-021 – Rio de Janeiro – RJ
Tel.: (21) 3525-2000 – Fax: (21) 3525-2001 | contato@editoraprumo.com.br | www.editoraprumo.com.br

Printed in Brazil/Impresso no Brasil

Preparação de originais
ANNA BUARQUE

CIP-Brasil. Catalogação na fonte.
Sindicato Nacional dos Editores de Livros, RJ.

E27d   Egan, Kate
       Divergente: guia oficial do filme / Kate Egan;
tradução de Flora Pinheiro. – Rio de Janeiro: Prumo, 2014. – Primeira edição.
       Tradução de: Divergent: official illustrated movie companion
       ISBN 978-85-7927-305-6
       1. Ficção infantojuvenil americana. I. Pinheiro, Flora. II. Título.

14-09828   CDD: 028.5   CDU: 087.5

O texto deste livro obedece às normas do Acordo Ortográfico da Língua Portuguesa.
Impressão: Lis Gráfica Ltda., Guarulhos – SP.

AGRADECIMENTOS

Muito obrigada aos produtores audazes e aos editores eruditos que me mostraram amizade e franqueza desde o início deste projeto.

Também sou muito grata a Toni Atterbury e sua assistente, Lauren Widor. Um agradecimento especial para Nancy Kirkpatrick, Amanda Boury, Andrea Johnson, Gillian Bohrer, Larissa Saenz e Derek Schulte, da Summit. E uma gratidão enorme ao fotógrafo Jaap Buitendijk e a todo mundo da Industry Art Works, inclusive Andrew Hreha, Andrea Miner, Denise Balbier e Ashley Barb.

Foi maravilhoso conhecer tantos membros do elenco e da equipe no set de filmagem em Chicago, incluindo Neil Burger, Doug Wick, Lucy Fisher, Alwin Küchler, Andy Nicholson, Jim Berney, Carlo Poggioli, Greg Baxter, Brad Wilder, Denise Paulson, Shailene Woodley, Theo James, Ashley Judd, Maggie Q., Tony Goldwyn, Ray Stevenson, Ben Lloyd-Hughes, Christian Madsen, Amy Newbold, Mekhi Phifer, Miles Teller e Ansel Elgort.

Este livro não seria possível sem Jill Davis, da Katherine Tegen Books, na HarperCollins, ou sem a própria Katherine Tegen, que me acolheu em sua família de autores. Molly O'Neill também foi receptiva e maravilhosa, e Laurel Symonds me deu todo apoio de que eu precisava. Também gostaria de agradecer ao designer Victor Ochoa, assim como a Barbara Fitzsimmons, Rick Farley, Joe Merkel, Melinda Weigel, Gwen Morton, Josh Weiss e Shayna Ramos.

Por fim, é claro, à prodigiosa Veronica Roth, a quem este livro pertence em espírito. Estou impressionada com sua imaginação e talento!

SUMÁRIO

A HISTÓRIA DE *DIVERGENTE*	8
A CONCEPÇÃO DO FILME	22
EM BUSCA DO ELENCO PERFEITO	38
O TREINAMENTO	58
CONSTRUINDO O MUNDO DE *DIVERGENTE*	64
UM VISUAL PARA CADA FACÇÃO: FIGURINOS E MAQUIAGEM	100
AS FILMAGENS	124

A HISTÓRIA DE *DIVERGENTE*

À esquerda: Veronica Roth, a autora.

À direita (abaixo): Shailene Woodley como Beatrice "Tris" Prior.

OBRIGADA A ESCOLHER...

No futuro, em um mundo dividido em cinco facções – Abnegação (os altruístas), Amizade (os pacíficos), Franqueza (os honestos), Erudição (os inteligentes) e Audácia (os corajosos) — alguém poderia pensar que encontrar seu lugar no mundo é uma tarefa fácil. Afinal de contas, as facções representam as melhores qualidades da natureza humana e, dentro de cada uma delas, é possível encontrar identificação. Respeito. Amor. É um sistema simples, mas gratificante.

A menos que você não se enquadre nele.

Beatrice Prior, dezesseis anos, nasceu na Abnegação, mas sabe que não se adéqua a nenhum desses grupos. Seu teste de aptidão revelou algo terrível: ela se enquadra em mais de uma facção.

Ela é Divergente, uma condição bastante perigosa nesse mundo. A paz e a estabilidade dependem da lealdade às facções acima de tudo, até mesmo da família. Alguém que não se adéqua a essas categorias pode não ser fiel a nada nem ninguém. E uma pessoa assim talvez não seja tão fácil de controlar.

Beatrice não pode contar esse segredo para ninguém, nem mesmo para seus pais. Mas agora sabe por que nunca se sentiu como os demais de sua família, calmos e altruístas. Descobriu de onde vem a atração, na escola, pelos corajosos membros da Audácia. Ela também poderia ser um deles se quisesse.

Amanhã, ela precisará fazer a escolha.

O sistema de facções permite que Beatrice saia da Abnegação e se junte a outra facção na Cerimônia de Escolha. Só há um problema: ela precisará cortar relações com a família para sempre.

Às vésperas da vida adulta, a jovem deve tomar uma decisão que mudará sua vida para sempre, com consequências imprevisíveis. Será que é melhor ficar segura dentro dos limites que já conhece, junto de sua família? Ou será que ela deve ouvir seu coração e deixar tudo para trás?

Veronica Roth estabelece esse conflito logo nos primeiros capítulos de *Divergente*, seu formidável romance de estreia, lançado em 2011. É como se tivesse condensado a experiência de ser adolescente nessas poucas páginas, reconhecendo que entrar na vida adulta pode significar deixar para trás pessoas e lugares amados.

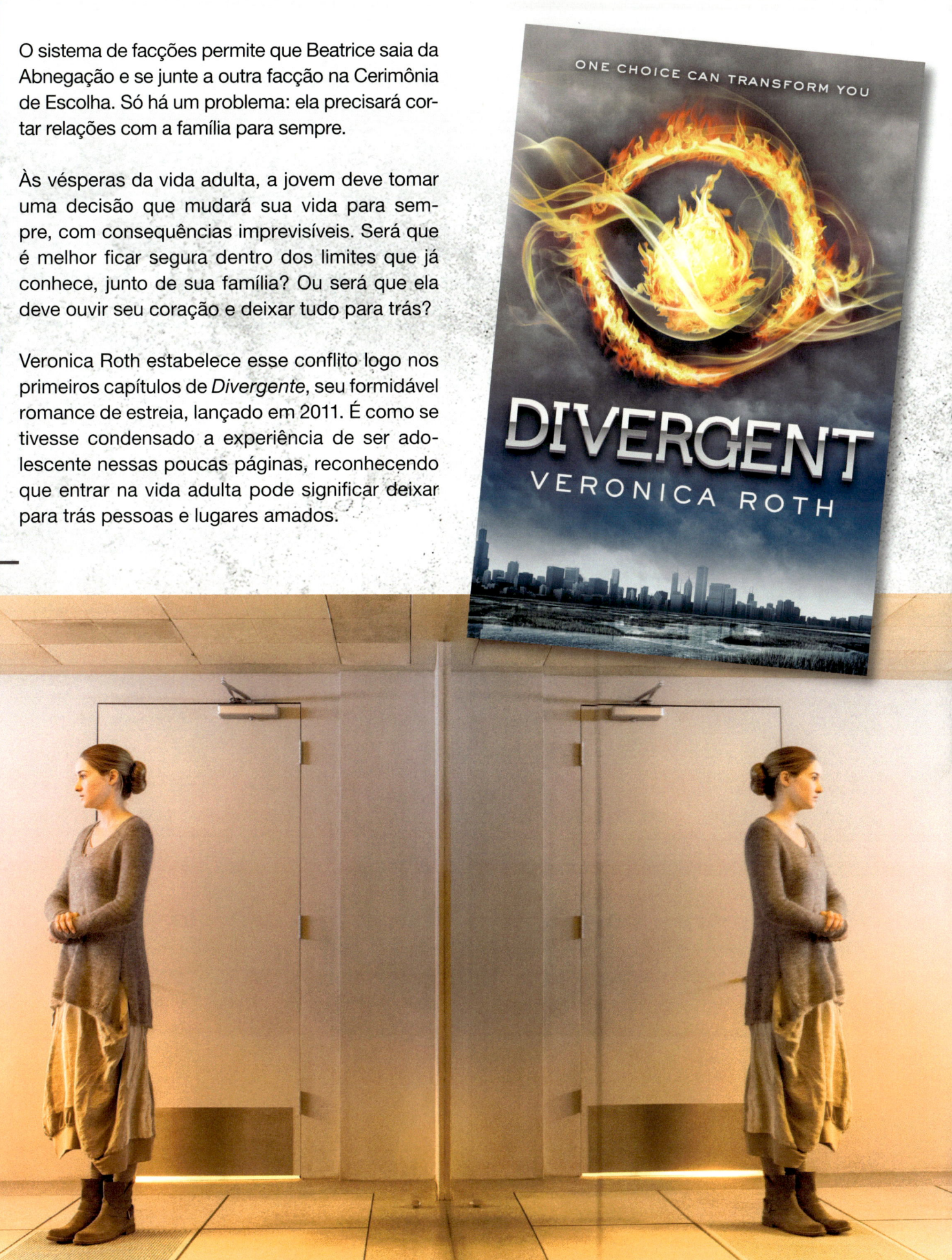

Veronica explica: "É o clássico momento de passagem para a vida adulta, ainda que um pouco exagerado. Em algum momento da vida, precisamos decidir se vamos continuar vivendo da forma como fomos criados, comprometidos com o que nossos pais nos ensinaram, ou se vamos ouvir nossa voz interior. E às vezes essa voz nos leva aonde nossos pais gostariam que fôssemos. Não acho que os adolescentes passem por essa experiência de forma tão intensa quanto Tris, mas acredito que seja a razão por que tantas pessoas se identificaram com a história."

E qual será a escolha de Beatrice? O ambicioso livro de Roth se desenvolve a partir dessa pergunta.

Quando Beatrice opta por partir — e crescer —, ela vai para a Audácia, uma facção que é o oposto de tudo que conhece. Lá, aceita desafios e perigos que a deixam aterrorizada e exultante. Aproxima-se de outras pessoas pela primeira vez, inclusive de Quatro, o misterioso instrutor com quem tem uma conexão eletrizante. Ela se transforma, de alguma maneira, na pessoa que sempre quis ser. E até mesmo adota outro nome: o curto e incisivo Tris.

> "É O CLÁSSICO MOMENTO DE PASSAGEM PARA A VIDA ADULTA, AINDA QUE UM POUCO EXAGERADO."
> — VERONICA ROTH, AUTORA

Tris está completamente despreparada para a rigorosa iniciação da Audácia, que exige dela uma agressividade que a Abnegação nunca aprovaria. Se falhar, porém, ela se tornará uma sem-facção. Uma sem-teto, abandonada e sozinha. De algum jeito, ela encontra forças para seguir em frente.

Mas *Divergente* é muito mais do que a história de uma garota que começa a moldar o próprio destino, pois o romance de Veronica Roth também explora os limites de uma rígida sociedade utópica. O teste de aptidão e a Cerimônia de Escolha excluem e repudiam os Divergentes, mas Tris descobre ser esse o seu maior trunfo. Quando aceita todas as suas características humanas, ela passa a desempenhar um papel ativo no mundo em que vive, ainda que ele esteja desmoronando.

Embora acreditasse que as facções conviviam pacificamente, Tris passa a ver o mundo de forma diferente após entrar para a Audácia. Há, entre os iniciandos de facções diferentes, uma tensão que reflete o que acontece além do Fosso da Audácia. A Erudição vem orquestrando um golpe contra a Abnegação para tomar o controle do governo e pretende usar os integrantes da Audácia – os soldados da sociedade – a fim de obter o que deseja.

À esquerda: A família Prior se abraça antes da Cerimônia de Escolha (da esquerda para a direita: Ansel Elgort, Tony Goldwyn, Ashley Judd, Shailene Woodley).

Acima: A então Beatrice (Shailene Woodley) toma sua decisão durante a Cerimônia de Escolha.

À esquerda: Tris (Shailene Woodley) e Quatro (Theo James) na roda-gigante durante o caça-bandeira.

À direita: Tris (Shailene Woodley) se prepara para pular no complexo da Audácia.

Mas alguns membros da Audácia não podem ser controlados. Eles são Divergentes... como Tris.

Em meio aos desafios de uma utopia em decadência e de um poderoso primeiro amor, Tris precisa definir sua nova identidade, aceitar o que significa ser Divergente e descobrir um modo de proteger a família que deixou para trás.

Veronica Roth não pretendia, a princípio, escrever uma distopia. Em seu primeiro ano de faculdade, começou apenas com a imagem de uma pessoa saltando de um prédio como um teste de coragem, então formulou diversas perguntas. "Quem faria isso?", indagava-se. "E por quê?"

A autora lembra que na época estava estudando terapia de exposição em uma aula de psicologia. "É um tratamento para pessoas com distúrbio de ansiedade e fobias no qual elas são repetidamente expostas a estímulos que as assustam", esclarece. "Alguém que tem medo de altura fica em um elevador por períodos cada vez mais longos, até seu cérebro se reprogramar e perder o medo." Quando pensou em alguém pulando de um prédio, imaginou essa pessoa tentando enfrentar seus maiores medos.

Logo estabeleceu que aquela pessoa, um rapaz que chamou de Tobias, enfrentaria seus medos em um cenário artificial, em algum lugar no futuro. "Então o conceito da Audácia veio desses ambientes de simulação, nos quais uma pessoa pode se deparar com os próprios medos em segurança", relembra Veronica. "E a teoria dos integrantes dessa facção é a de que os medos vão passar e as pessoas se tornarão destemidas."

Se haveria um grupo de pessoas tentando dominar o medo, decidiu, também precisava haver outros grupos naquele cenário futurista, cada um focado em eliminar outra falha de caráter humano. Se todos os grupos fossem bem-sucedidos, eles se tornariam uma sociedade que viveria unida, em paz e harmonia.

"O CONCEITO DA AUDÁCIA VEIO DESSES AMBIENTES DE SIMULAÇÃO, NOS QUAIS UMA PESSOA PODE SE DEPARAR COM OS PRÓPRIOS MEDOS EM SEGURANÇA."
— Veronica Roth, autora

Veronica continua: "As outras facções ganharam contorno quando pensei: 'Se eu fosse criar uma utopia baseada em erradicar falhas de caráter ou em cultivar virtudes, que características escolheria? Que características consideraria mais importantes?' Então, depois da Audácia veio a Abnegação, pois julguei que o egoísmo seria uma boa explicação para os problemas do mundo. A Erudição, ou inteligência, veio em seguida. Então vieram a Amizade, que representa a comunhão pacífica, e a Franqueza, porque me ocorreu que a honestidade também deveria ser considerada crucial."

"A grande questão, no entanto, foi perceber que, mesmo sendo esta a minha visão utópica, ainda há algumas falhas nela. Isso tudo deveria ser

> "O MARCO DE UMA DISTOPIA É QUE ELA NASCE A PARTIR DO CONCEITO DE PERFEIÇÃO DE ALGUÉM."
> — VERONICA ROTH, AUTORA

bom para a sociedade, não é mesmo? Mas, na verdade, não é. Precisei descobrir como essas virtudes poderiam virar algo negativo." Veronica se deu conta de que, levadas ao extremo, até mesmo as melhores qualidades humanas poderiam se tornar defeitos. "O marco de uma distopia é que ela nasce a partir do conceito de perfeição de alguém", afirma Veronica. Embora as facções comecem comprometidas com certos ideais, esses mesmos ideais se corrompem quando confrontados com a vida cotidiana.

A partir de suas ideias para a Audácia e as outras facções, Roth começou a escrever a história de Tobias. Mas, depois de umas trinta páginas, percebeu que não estava dando certo. Então, deixou a história de lado por vários anos.

O elenco de todas as facções durante uma das cenas de abertura de *Divergente*.

A HISTÓRIA DE DIVERGENTE

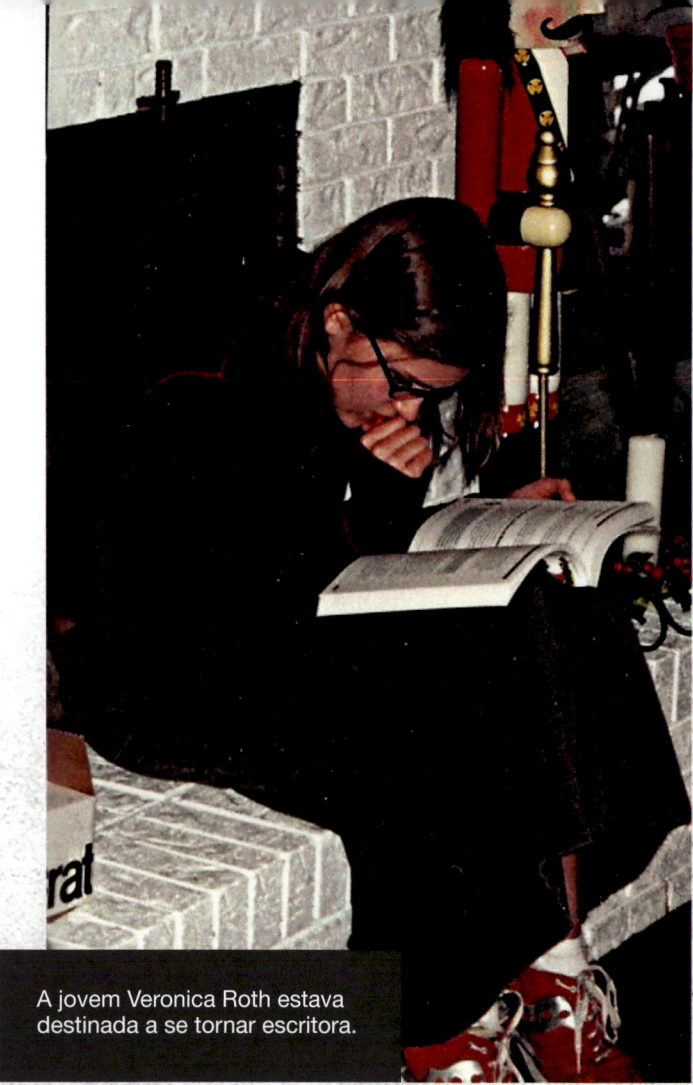

A jovem Veronica Roth estava destinada a se tornar escritora.

Passemos então para o último ano de Roth na Universidade Northwestern, onde Veronica estudava escrita criativa. Ela sempre amou ficção científica e fantasia, assim como livros para jovens adultos, entre eles *O doador* e *O jogo do exterminador*. Para seu trabalho final, no entanto, não estava escrevendo nada do tipo. Poucos colegas de classe partilhavam de seu interesse pelo gênero, e os exercícios sempre pediam uma narrativa diferente. Roth trabalhava em seus projetos pessoais tarde da noite ou durante as férias, mas não os mostrava para os colegas.

Naquele ano, Veronica decidiu que a história de Tobias merecia uma revisão. Ele ainda seria um personagem, mas a história seria contada de outro ponto de vista, o de uma garota forte e determinada da Abnegação chamada Tris.

"Não sei bem por que Quatro não deu certo como protagonista", diz. "Acho que parte disso tem a ver com o fato de que é mais interessante contar a história de uma jovem deixando um ambiente perfeitamente seguro e controlado para se aventurar em outro, terrível e perigoso. Há algo nisso que, por conta da nossa cultura, torna o enredo mais interessante. Talvez já esperemos que um jovem impetuoso se junte à Audácia, então não haveria surpresa. Mas quando isso é feito por uma jovem, ainda por cima por uma bem delicada, é uma loucura! Talvez seja por isso que a história tenha funcionado quando coloquei Tris como narradora".

Depois que Tris surgiu, as ideias até então desconexas da autora começaram a se encaixar de modo convincente. Veronica relembra: "Fui cativada por Tris. Fiquei fascinada por sua voz, mas primeiro quis criar as circunstâncias nas quais aquela voz nasceu, para então ver o que ela poderia me contar sobre o que estava acontecendo em seu mundo." Com os trabalhos da faculdade fora do caminho, Roth se dedicou a esse projeto durante as férias de inverno, e ele logo se transformou em um romance.

E então, assim como nas histórias, as coisas mudaram de forma dramática para Veronica Roth. Alguns meses antes, ela comparecera a uma conferência de escritores e fizera contato com uma agente literária — Joanna Volpe. Chegou a lhe enviar um manuscrito, que acabou sendo rejeitado. Quando a história de Tris e Quatro foi concluída, Roth a mandou primeiro para Volpe. Em um mês, a agente concordou em representá-la e vendeu os direitos de toda a trilogia (que ainda não estava terminada) para Katherine Tegen Books, um selo da editora americana HarperCollins.

Nada mau para uma escritora que ainda estava terminando a faculdade.

Escrito no momento certo para romances distópicos voltados para o público jovem adulto e trazendo um equilíbrio perfeito entre ação eletrizante e um poderoso romance, o livro se tornou uma sensação antes mesmo de ser publicado. O burburinho começou logo que as editoras Molly O'Neill e Katherine Tegen enviaram a prova para as equipes de marketing e de vendas. Livreiros e bibliotecários devoraram as cópias de divulgação, certos de que tinham em mãos um grande livro. Roth também alimentou a agitação com seu modesto blog. Quando o livro afinal foi publicado, em maio de 2011, estreou em sexto lugar na lista de mais vendidos do jornal *The New York Times* e, pouco depois, conquistava a primeira posição.

A essa altura, o filme já começava a tomar forma.

À direita: A primeira visita da autora Veronica Roth à sua editora, em Nova York.

Abaixo: Estreia de *Divergente* na lista dos livros mais vendidos do *New York Times*.

6	**DIVERGENT,** by Veronica Roth. (Katherine Tegen/HarperCollins, $17.99.) A girl must prove her mettle in a dystopia split into five factions. (Ages 14 and up)	1
7	**A WORLD WITHOUT HEROES,** by Brandon Mull. (Aladdin, $19.99.) A young boy is transported to a world ruled by an evil wizard. (Ages 8 to 12)	8
8	**HOORAY FOR AMANDA AND HER ALLIGATOR!,** written and illustrated by Mo Willems. (Balzer & Bray/HarperCollins, $17.99.) Stories about a surprising friendship. (Ages 4 to 8)	2
9	**THE EMERALD ATLAS,** by John Stephens. (Knopf, $17.99.) Three siblings discover a mysterious book that unlocks a powerful prophecy. (Ages 8 to 12)	5
10	**ABANDON,** by Meg Cabot. (Point, $17.99.) A supernatural romance inspired by the myth of Persephone. (Ages 12 and up)	2

A CONCEPÇÃO DO FILME

A autora Veronica Roth com os produtores Doug Wick e Lucy Fisher.

ENTRANDO EM HOLLYWOOD

Doug Wick e Lucy Fisher, os produtores da Red Wagon Entertainment, depararam com o manuscrito antes da publicação do livro e ficaram impressionados com o que leram. Imediatamente levaram a obra para Gillian Bohrer, vice-presidente executiva de produção e desenvolvimento da Lionsgate. Gillian lembra que leu *Divergente* pela primeira vez durante um fim de semana em janeiro de 2011. Como o livro ainda não tinha sido publicado, ele estava lendo uma fotocópia em um café, e a página com a descrição da decisão de Tris na Cerimônia de Escolha... estava faltando. "Eu precisava saber o que tinha acontecido!", recorda Gillian. "Eu continuei lendo e descobri. E aí não consegui mais parar. Simplesmente não conseguia largar o livro."

Na manhã da segunda-feira, ela começou a falar sobre o livro para o pessoal da Summit. "Eu sabia que a história seria um sucesso com as plateias de cinema. O livro trata de assuntos com os quais o público adolescente pode se identificar: o desafio dos próprios limites, a busca por uma nova família... Além disso, há cenas incríveis, como a Cerimônia de Escolha, a roda-gigante e a tirolesa... Eu podia imaginá-las ao ler o livro e sabia que ficariam fantásticas em um filme."

Quando Erik Feig, da Summit, foi para Nova York, algumas semanas depois, ele se encontrou com Pouya Shahbazian, responsável pelos direitos de adaptação da obra de Veronica Roth. "Erik Feig apareceu com uma proposta maravilhosa" conta Shahbazian. "Um verdadeiro planejamento estratégico. Ele adorou o romance e sabia muito bem o que era necessário para transformar *Divergente* em uma franquia de sucesso." Dois meses antes de o livro ser publicado e se tornar um sucesso imediato, Shahbazian e a Red Wagon venderam os direitos de adaptação para Summit, com a dupla da Red Wagon na produção. "Os livros de Veronica são muito bem-escritos e os personagens, muito carismáticos, além disso, os leitores ficam presos desde a primeira página", elogia Rob Friedman, copresidente do conselho do Lionsgate Motion Picture Group. "Em um estúdio, são a história e os personagens de uma série como *Divergente* que rendem bons filmes. Quando o conteúdo é bom, fica mais fácil trazer a história para as telas. Temos muita sorte por Veronica ter escolhido a Summit Entertainment para a parceria na criação de uma experiência visual que seja tão boa quanto o livro que ela escreveu. Estamos ansiosos para o lançamento de *Divergente*, quando entregaremos ao público nosso trabalho conjunto, e mal podemos esperar para ver os próximos filmes baseados na série."

Summit Entertainment foi o estúdio por trás da bem-sucedida saga *Crepúsculo*, assim como de *Guerra ao Terror*, que ganhou o Oscar de melhor filme em 2010. O estúdio tem o histórico de produzir filmes de alta qualidade e magníficas adaptações para o público jovem. Além disso, os produtores da Red Wagon, Doug Wick e Lucy Fisher, estão no mercado há décadas, criando filmes clássicos que vão de *Gladiador* a *O grande Gatsby*.

Definitivamente, Veronica Roth e *Divergente* estavam em boas mãos.

> "OS LIVROS DE VERONICA SÃO MUITO BEM-ESCRITOS E OS PERSONAGENS, MUITO CARISMÁTICOS."
> — ROB FRIEDMAN, COPRESIDENTE DO GRUPO LIONSGATE

A autora Veronica Roth com a produtora Lucy Fisher.

Doug Wick também se lembra de ter se espantado com o alcance épico do livro quando o leu pela primeira vez. Dentre todos os projetos que cogitava assumir na época, *Divergente* se destacou logo de cara. "Para mim, sempre começa com a história. E *Divergente* pega elementos de uma vida inteira e os comprime em um único momento da vida de Tris. São temas universais: você sai de casa e seus pais se tornam muito distantes de você. Até que você percebe que eles são mais do que pensava que fossem. Ao mesmo tempo, sai do amor familiar para entrar no amor romântico. Depois você consegue integrar o amor romântico com o familiar. E aí você perde seus pais... Há tantos elementos desse ciclo em *Divergente*, e só ficamos com Tris por alguns momentos de sua vida."

Wick sentiu uma conexão imediata com a história e vislumbrou muitas possibilidades para fazer uma versão de *Divergente* que fosse formidável tanto do ponto de vista narrativo quanto do visual. *Divergente* é cheio de ação e suspense, mas em seu cerne também há um personagem muito diferente do que usualmente se encontra em um filme de ação. Assim como Veronica Roth, Wick foi cativado pela força e determinação de Tris. "Ao apresentar uma protagonista feminina, damos vida nova ao gênero", declara. " Ninguém aguenta mais os clichês masculinos dos filmes de ação. Mas protagonistas femininas fortes e críveis... Essa era uma oportunidade imperdível."

Além disso, ele adorou o fato de o romance proporcionar um acesso único à vida íntima de Tris durante as simulações de medo e estava ansioso para assumir o desafio de dramatizá-la na tela. Durante essas sequências, os produtores poderiam ter acesso aos pensamentos e sentimentos de Tris de um modo que os filmes geralmente não permitem.

Acima: Tris (Shailene Woodley) e Quatro (Theo James) exploram a paisagem do medo de Quatro.

ENCONTRANDO UM ROTEIRISTA

Os produtores Wick e Fisher, em parceria com a equipe da Summit, começaram a estudar como transpor a história de Roth para um formato diferente. O primeiro passo era desenvolver o roteiro; depois disso, tudo o mais se ajeitaria. A Summit e os produtores chamaram o roteirista Evan Daugherty, que recentemente escrevera *Branca de Neve e o Caçador*, para adaptar o romance de Roth.

Daugherty relembra o que o atraiu, de início, para o projeto: "Tris começa nesse mundo incrivelmente protegido, abnegado e pacífico e então decide se juntar a um grupo que equivale a combatentes de elite. Isso é uma grande guinada na vida da personagem, algo bem divertido de retratar", disse aos blogueiros no site Bookish. Daugherty respondeu às sequências de ação do livro de forma visceral, mas tomou o cuidado de balanceá-las com o desenrolar do romance entre Tris e Quatro. "É importante que a química entre eles não pareça forçada" relembra, "mas algo que ajuda Tris a crescer como personagem." Com muita habilidade, ele mostrou o desenvolvimento de Tris em meio à ação acelerada e se assegurou de que a cena da simulação de medo fizesse a história avançar.

Quando o roteiro estava completo e todos os envolvidos ficaram satisfeitos, a busca por um diretor começou.

Acima: A autora Veronica Roth com o roteirista Evan Daugherty.

Abaixo: Uma página do roteiro de *Divergente*, apelidado de *Catbird*, um pássaro semelhante ao tordo cujo canto parece o miado de um gato.

```
            CATBIRD   Goldenrod  -  04.25.13        96.

                    FOUR
          Requisitions for war.  Sent by              *
          Erudite.                                    *

                    TRIS
              (realizing, horrified)                  *
          They're going to war with
          Abnegation.                                 *

                    FOUR
          Not them.
              (showing her)
          Us.

                    TRIS
          Us?  Why would we fight for
          Erudite?  We wouldn't.                      *

                    FOUR
```

... QUEM VAI DIRIGIR?

Summit e os produtores tinham uma longa lista das qualidades que o diretor do filme deveria possuir. O escolhido precisava ser dotado de um ótimo estilo visual e ser capaz de extrair uma excelente atuação de atores jovens. Teria de corresponder ao desafio de fazer um filme épico ambientado no futuro e, ao mesmo tempo, conseguir expor o lado psicológico dos personagens durante as sequências de simulação. Era primordial ter bons instintos como escritor e contador de histórias. Quem se encaixaria nesses critérios? Um dos primeiros nomes a surgir foi o do diretor Neil Burger.

Gillian Bohrer, da Lionsgate, revela que: "As sequências de simulação de medo seriam como brincar no parquinho – qualquer diretor adoraria a oportunidade, mas sabíamos que Neil [Burger] faria mais do que deixá-las visualmente impressionantes. Ele faria o público se sentir lá dentro, com Tris, a todo momento."

Diretor de uma grande variedade de filmes, como *O ilusionista* e *Sem limites*, e também escritor, Neil Burger já ouvira falar de *Divergente*, mas não tinha certeza de que queria fazer um filme de ficção científica. Ele mudou completamente de ideia após ler o roteiro. "Gostei de o roteiro não ter criaturas, super-heróis ou coisas artificiais comuns à ficção científica", recorda Burger. "E adorei o fato de ser ambientado no futuro, mas sem ser futurista. Em vez disso, o filme usa um mundo imaginário para explorar a natureza humana. O roteiro apresenta questões universais sobre lealdade. Tris se pergunta: 'A quem sou leal? A mim mesma? À minha família? Ou à minha facção?' Essas perguntas não são só para jovens adultos, o que eu acho ótimo. E *Divergente* mostra um futuro diferente daquele que a gente vê nos outros filmes."

Neil Burger orientando Shailene Woodley (Tris) e Amy Newbold (Molly), durante as filmagens.

"ELE FARIA O PÚBLICO SE SENTIR LÁ DENTRO, COM TRIS, A TODO MOMENTO."

— GILLIAN BOHRER, VICE-PRESIDENTE EXECUTIVO DE PRODUÇÃO E DESENVOLVIMENTO, LIONSGATE

UMA VISÃO PARA *DIVERGENTE*

Um grupo de leitores muito entusiasmados com Veronica Roth (centro), em uma loja da livraria Anderson's Bookshop, em Chicago.

Burger, Summit e Red Wagon compartilhavam uma visão para o filme *Divergente*. Mesmo que a ação ocorresse no futuro, queriam que o filme desse uma sensação de atualidade e de relevância, como se na verdade se passasse no *presente*.

Quando Burger aceitou dirigir o filme – e começou a montar uma equipe com um diretor de fotografia, diretor de arte, diretor de produção, figurinistas e assim por diante –, o grupo como um todo precisava articular como transformar aquela visão em realidade. Onde o filme seria produzido? Como seria? Quem seriam os atores? A pré-produção acabou tomando muito mais tempo do que as filmagens em si, pois a equipe planejava cada cena nos mínimos detalhes.

A história seria contada por meio de diálogos, naturalmente, em vez de utilizar a narração, como no romance. O roteirista Evan Daugherty já condensara as mais de 500 páginas do livro em um roteiro de 130, que serviria como mapa para Burger. Mas, antes de começar a dirigir os atores e dar vida ao roteiro, Burger precisava encontrar um modo de expandir todos os detalhes visuais que Roth descrevera em suas obras.

Acima: As edições francesas de *Divergente* e *Insurgente*.

No começo, logo que os direitos de adaptação foram vendidos, Veronica conheceu o produtor Doug Wick. Ela tinha terminado a faculdade havia menos de um ano e alcançado um sucesso com o qual a maioria das pessoas da sua idade só consegue sonhar. Roth relembra: "Eu não sabia bem o que esperar, mas ele foi superlegal e estava muito interessado em outros aspectos da minha vida; por exemplo, como eu me sentia em ter tudo isso com apenas 22 anos. Parecia que ele estava interessado em mim como ser humano, e isso contribuiu bastante, me deixando mais à vontade para entregar meu trabalho a fim de ser interpretado por outra pessoa."

Quando chegou o momento de expandir o que escrevera, a autora conta que teve uma conversa cosigo mesma sobre propriedade. "Quando escrevi a história e ela estava só no meu computador, eu era a dona dela. Eu controlava tudo que acontecia. Mas, quando o livro é lançado, de repente a história passa a pertencer aos leitores. Então essa transferência de posse já acontece no instante em que as pessoas começam a ler o livro. E é a mesma coisa com o filme. Agora, a história não pertence apenas a mim e aos leitores, mas também aos diretores e a cada um do elenco."

Acima: A escritora Veronica Roth e os produtores Lucy Fisher e Doug Wick no set de *Divergente*.

Alto da página: Quatro das trinta edições estrangeiras de *Divergente*: (esquerda para direita) Brasil, Espanha, Rússia e Itália.

Veronica Roth foi soterrada pelas anotações do editor no manuscrito de *Convergente*.

OS DETALHES APARECEM

Quando **Burger** consultou Veronica acerca de alguns detalhes, a autora já havia concluído boa parte de *Convergente*, o último livro da trilogia. Ela já sabia o desfecho da história de Tris. Também sabia mais sobre o que tinha originado, muitos anos antes, sua sociedade distópica. Roth conversou bastante com Burger sobre a história daquele mundo e compartilhou informações que apenas seus editores conheciam. "Conversei com Neil sobre o mundo além dos muros daquela cidade e por que ela foi criada. Ele precisava saber se poderia representar alguma ruína, qual seria e por que ela existiria. Acho que Neil deve saber mais segredos do que qualquer um", brinca Roth. Ainda assim, Burger estava curioso para saber mais sobre algumas coisas com as quais ela nunca havia se preocupado.

"Neil me questionou sobre vários detalhes, coisas que Tris dificilmente abordaria em sua narrativa. Por exemplo: como funciona o comércio em cada facção? Há ocasiões em que elas trabalham juntas? Como seria esse trabalho? Será que haveria gente da Amizade no Dia da Visita? Quão destruída está a cidade? Perguntas como essas. Em um filme, ainda mais do que em um livro, é possível mostrar a história de um mundo com pequenos, mas significativos, detalhes. Uma cena de pessoas caminhando por uma rua, por exemplo, pode conter muitas informações. Neil queria ter certeza de que o ambiente do filme faria sentido, de que não haveria inconsistências na construção do mundo, de que ele seria rico em detalhes. Não sou muito boa em descrições, então ver alguém pegando minhas singelas ambientações para transformá-las em algo lindo e detalhado foi... inspirador. E incrível."

Com ajuda de Veronica, Neil Burger chegou a um entendimento básico do tipo de sociedade que retrataria no filme. A ação aconteceria a apenas 150 anos no futuro, e um século depois de um grande evento que colocaria um fim a todos os avanços tecnológicos. Burger e sua equipe precisariam imaginar o mundo daqui a cinquenta anos para então decidir o que ainda restaria um século depois. Que tipo de construções conseguiriam resistir por tanto tempo? O que poderia ser criado a partir dos poucos recursos restantes? Nenhum desses detalhes estava no livro, mas o diretor os usaria como base para tomar decisões acerca do cenário.

A história se passa em Chicago, uma cidade com milhões de pessoas, mas que, no futuro da imaginação de Veronica, tem apenas cerca de 30 mil habitantes. "Eles ocupam esse espaço gigantesco e ligeiramente abandonado", explica o diretor. "Conservam as áreas que mais utilizam, mas uma grande parte da cidade está desmoronando ou em ruínas. Nas imagens da cidade, vemos apenas pessoas caminhando pelo meio da rua, já que elas não têm carros. Há alguns caminhões circulando, mas as pessoas em geral se locomovem a pé ou de trem." Ele conversou com Veronica até mesmo sobre o que a população poderia usar como fonte de energia. Se havia eletricidade, de onde ela vinha? Até que, eventualmente, teve a ideia de colocar moinhos de vento na lateral de algumas construções, com cabos de força passando entre eles.

Veronica sorri ao se lembrar de algumas das conversas com o diretor e produtores. "Quando escrevi o livro, estava mais preocupada em mostrar os pensamentos de Tris, e ela não repara em todos os detalhes. Ela não é boa em descrever os arredores, então eu não pensei muito em como eram as cadeiras ou as agulhas. Eu nunca teria sido capaz de imaginar tudo isso. Neil Burger foi uma das pessoas mais zelosas e minuciosas que conheci durante essa experiência. Quando conversamos, eu às vezes penso: 'Pena que você não estava por perto quando construí esse mundo, porque acho que teria sido bem mais detalhado com a sua ajuda.' Ele se preocupa com cada pequeno aspecto da sociedade e quer representá-lo de forma adequada, até mesmo na paisagem."

Em Chicago, a autora Veronica Roth conversa com o diretor, Neil Burger.

UMA CIDADE VIRA PALCO

À medida que a Chicago do futuro idealizada por Burger começou a tomar forma, o diretor chegou a uma importante conclusão: a verdadeira Chicago seria o único lugar onde poderia fazer o filme. Na verdade, Veronica Roth também chegou a essa conclusão ao escrever. "No primeiro rascunho, a história não se passava em um lugar do mundo real. O mundo de *Divergente* era só uma cidade sem nome", recorda. "Quando eu revisei, percebi que queria dar mais peso ao lugar, para que a história parecesse mais real. Ao tentar descobrir onde tudo aconteceria, olhei para o que já tinha escrito e me dei conta de que a história já se passava em Chicago, mesmo sem eu ter planejado. Provavelmente porque é a cidade que mais conheço e amo."

Assim como Roth sabia que os leitores se identificariam mais com a história se ela se passasse em um lugar reconhecível, Burger achou que o melhor modo de fazer o filme parecer pertinente e acessível era levá-lo para um lugar real. Quando se decidiu, nem sequer considerou outras possibilidades.

Fazer um filme em Chicago teria certas complicações: o transporte poderia ser difícil em uma grande cidade durante o horário de pico, por exemplo, e o aluguel de um espaço urbano talvez pesasse no orçamento. Mas com uma cidade real como palco, Neil Burger sabia que conseguiria criar um visual singular. Ele lembra: "Mesmo que a história se passe 150 anos no futuro, as ruas são iluminadas pela luz do sol real, que também se reflete em construções reais, e isso é o bastante para dar ao filme uma energia completamente diferente da dos outros filmes futuristas. Eu sabia que queria usar Chicago para representar Chicago, que queria cenas com uma fotografia quase urbana. Queria que tudo parecesse novo e diferente."

Para criar esse efeito, Burger enviou o gerente de locação James McAllister em uma missão a fim de identificar a maior quantidade de locações disponíveis em Chicago. Antes mesmo de o restante da equipe se juntar a eles, McAllister já estava visitando cada lugar disponível da cidade.

Enquanto isso, Burger começava a reunir um elenco.

À esquerda: No píer da Chicago de *Divergente*: a roda-gigante, conforme desenho conceitual.

Abaixo: A famosa paisagem urbana de Chicago.

> "A HISTÓRIA JÁ SE PASSAVA EM CHICAGO, MESMO SEM EU TER PLANEJADO. PROVAVELMENTE PORQUE É A CIDADE QUE MAIS CONHEÇO E AMO."
> — VERONICA ROTH, AUTORA

Desenho conceitual da Chicago do futuro, incluindo os trilhos elevados do trem que cruza a cidade.

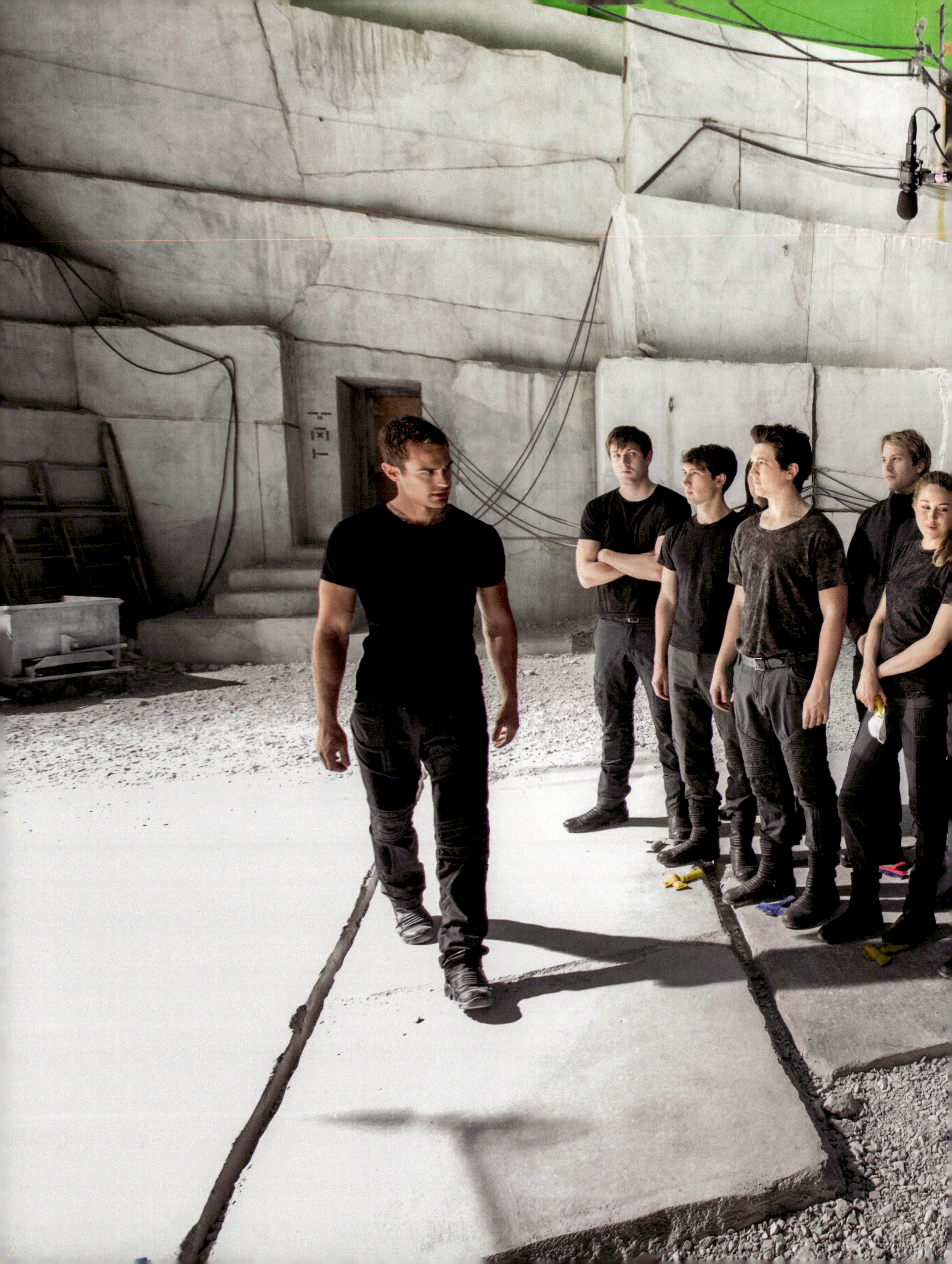

EM BUSCA DO ELENCO PERFEITO

QUEM INTERPRETARÁ TRIS?

Em Divergente atuariam jovens atores que treinariam e cresceriam juntos. Ao mesmo tempo, a equipe de Burger precisaria encontrar um grupo de atores adultos extraordinário para ancorar o elenco jovem. Com a combinação ideal de rostos novos e conhecidos, o filme atrairia a maior audiência possível.

A filosofia de Doug Wick para recrutar atores era a seguinte: "Os atores que recrutamos são como ímãs para momentos importantes da história. Quatro precisava ter um apelo muito grande, ou a história não funcionaria. Precisávamos de atores capazes de performances poderosas em momentos críticos." Portanto, a equipe de Neil Burger procurava por atores do mais alto calibre.

A prioridade, decidiram, era encontrar alguém para o papel de Tris. Shailene Woodley, de Simi Valley, na Califórnia, era uma atriz emergente, aclamada pela crítica por seu trabalho no filme *Os descendentes*, de 2011, e pelo papel principal na série de televisão *A vida secreta de uma adolescente americana*. Quando a equipe de Burger

EM BUSCA DO ELENCO PERFEITO

a procurou, ela estava às voltas com a filmagem de outra adaptação para o cinema, *The Spectacular Now*. Shailene tinha a aparência ideal para Tris, assim como a desenvoltura necessária para o papel. O que eles não sabiam é que ela também tinha a habilidade necessária para encarar as cenas de ação exigidas pelo papel.

> "OS ATORES QUE RECRUTAMOS SÃO COMO ÍMÃS PARA MOMENTOS IMPORTANTES DA HISTÓRIA."
> —DOUG WICK, PRODUTOR

A produtora Lucy Fisher revela: "Acho que foi a seleção de atriz mais fácil que já fizemos. Pensávamos que seria uma longa busca, que precisaríamos nos reunir com cada jovem atriz badalada. Até que conhecemos Shailene e... lá estava nossa Tris. É claro que amamos sua atuação em *Os descendentes*. Mas ela também gosta de ser deixada quieta em Maine por umas duas semanas, para ficar sozinha, com apenas uma machadinha e outras poucas coisas. Ela tinha um lado da Audácia que só esperava para aparecer."

Shailene logo percebeu as possibilidades dramáticas da personagem. Por um lado, achava a situação de Tris aterrorizante. "Depois que você sai do ninho no mundo de *Divergente*, não há como voltar atrás. E isso é incrivelmente assustador. Não consigo imaginar nunca mais falar com a minha mãe porque decidi viajar pelo mundo ou fazer faculdade", conta.

Por outro lado, ela entendia o fascínio de Tris pela Audácia. A atriz continua: "Imaginar como seria fazer algo e nunca fazê-lo... Não consigo nem pensar numa situação dessas, e Tris também não quer ser esse tipo de pessoa. Ela não consegue se imaginar ficando em um lugar para agradar outra pessoa, então não é altruísta o suficiente para continuar com a família. Além disso, se juntar à Audácia seria uma aventura. Ela ganha uma nova liberdade com a qual nunca sonhara em sua antiga vida, e isso é muito empolgante para ela."

Veronica Roth adorou a escolha de Shailene para o papel principal. "Tris é uma personagem um pouco complicada. Ela nem sempre é legal, é mais como uma adolescente impetuosa. Nem sempre tem pensamentos maduros ou desenvolvidos. Então acho que Shailene conseguiu enxergar todos os contrastes de Tris, e, sempre que ela faz ou diz algo, parece bem real. É como uma revelação, uma maneira completamente nova de ver essa pessoa que eu criei."

Acima: Shailene em *The Spectacular Now* (2013), com o colega de elenco de *Divergente*, Miles Teller.

Acima à esquerda: Tris (Shailene Woodley).

Abaixo à esquerda: Shailene Woodley em *Os descendentes* (2011), com George Clooney.

C149 A132B 1
23.27.46.05
DIVERGENT
DIRECTOR: NEIL BURGER
CINEMATOGRAPHER: ALWIN KUCHLER, BSC
C

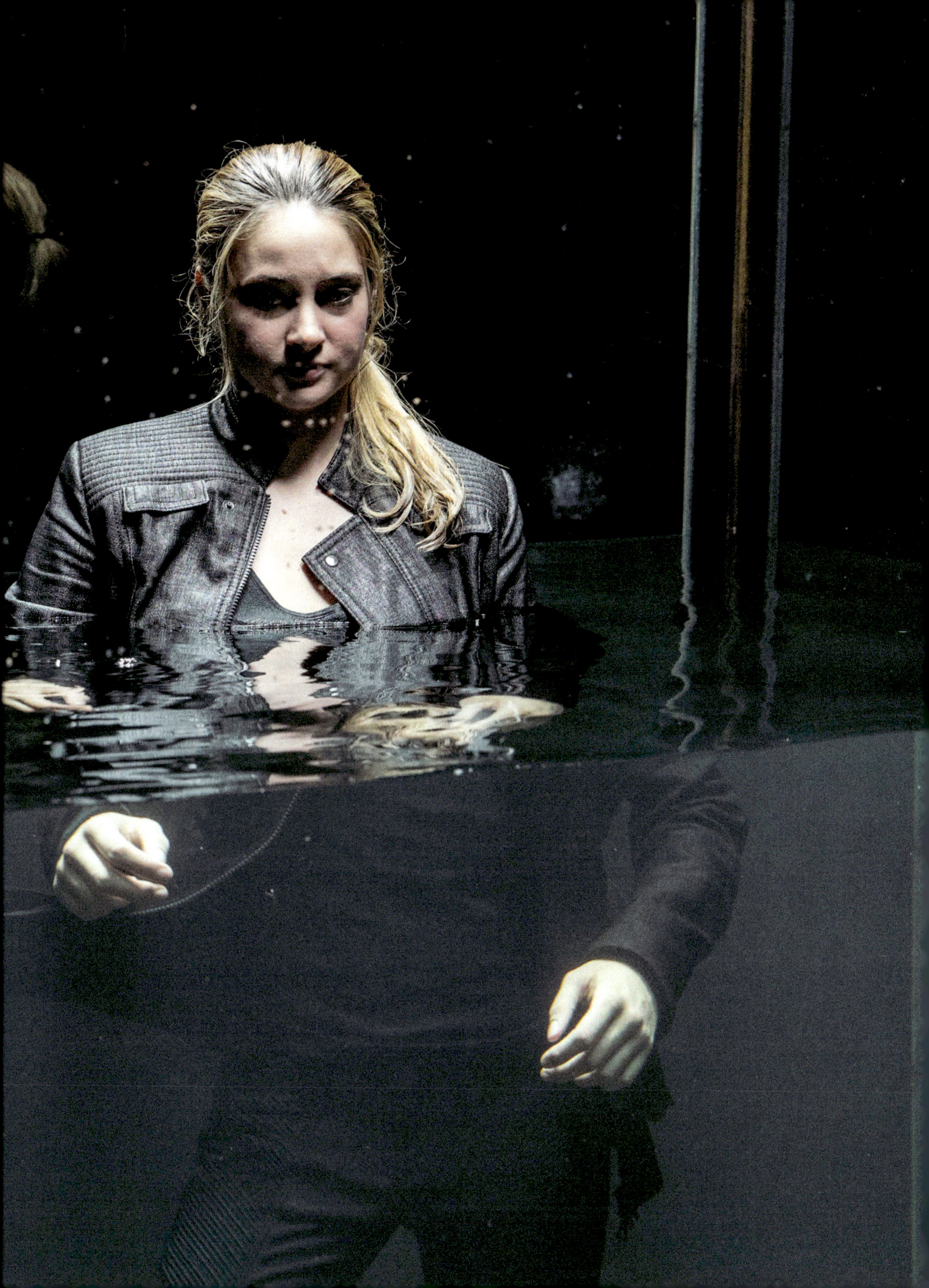

A PROCURA POR QUATRO

Encontrar alguém para contracenar com Shailene no papel de Quatro não foi tão simples. Neil Burger e os produtores fizeram audições com dezenas de atores, testando-os com Shailene, mas nenhum deles pareceu adequado para interpretar o personagem. Lucy Fisher lembra: "A procura por Quatro aconteceu à moda antiga, como aquelas da qual ouvíamos falar na década de 1940", desabafa Lucy Fisher, "quando a equipe ia praticamente de país em país testar todo mundo. Sabíamos que esse papel seria mais complicado, porque Quatro precisava ser másculo e rude, mas também bonito e um bom par para Shailene Woodley, que é uma garota durona."

Escritórios de recrutamento em cinco cidades ao redor do mundo ajudaram na busca pelo ator certo, e Gillian Bohrer, da Lionsgate, estima que tenham cogitado quase quatrocentos rapazes para o papel. "Era necessário achar alguém que parecesse já ter passado por muita coisa antes de a história começar", explica. "Precisávamos encontrar alguém cujo físico combinasse com o de Shailene Woodley, que é bem alta. E também precisávamos que esse ator convencesse em uma posição dominante sobre ela, pelo menos no começo, mas a maioria dos garotos parecia seguir suas ordens."

Durante as audições para Quatro, a equipe encontrou diversos outros atores que se adequavam a papéis diferentes, e vários deles passaram a integrar a facção da Audácia. Miles Teller, por exemplo, tinha acabado de filmar com Shailene *The Spectacular Now*, e nessa história seus personagens se apaixonavam. Em *Divergente*, no entanto, recebeu o papel do iniciando Peter, um de seus maiores inimigos.

Shailene Woodley como Aimee e Miles Teller como Sutter em *The Spectacular Now*.

Era um filme bem diferente do último que haviam feito juntos. "Nesse mundo, não há limites", afirma Teller. "Homens lutam contra mulheres e vice-versa. Então precisei entender ou justificar algumas coisas para mim mesmo, antes de começar a filmar." Com a ajuda de Neil Burger, ele percebeu que Peter se sentia ameaçado por Tris. "Qualquer um que estivesse à frente de Peter colocava em risco sua entrada na Audácia e a realização de seu sonho, o que era um problema", conclui. Isso explica por que Peter consegue lutar com tanta crueldade e por que estava tão desesperado para colocar um dos amigos de Tris, Al, contra ela.

O ator Christian Madsen, filho do também ator Michael Madsen, estava começando a carreira. Estava prestes a se mudar de seu apartamento – por não conseguir pagar o aluguel – quando recebeu um telefonema de seu agente. Não ficou com o papel de Quatro, mas foi convidado para interpretar Al, iniciando transferido da Franqueza. Logo que recebeu a notícia, Madsen ligou para o proprietário do apartamento a fim de pedir uma segunda chance.

Madsen se identificou com o personagem quieto e observador de Al, assim como seu porte físico. "Al é um caso interessante", analisa Madsen. "Ele é bem tímido, contemplativo, e se junta à facção como um ato de coragem." Uma vez na Audácia, ele percebe as dificuldades de se encaixar, até que Tris se aproxima. "Tris o ajuda a se abrir", continua Madsen. "Ela diz: 'Ei, você é grande, use isso a seu favor. Você é muito tímido, não seja assim.' Ela meio que mostra a Al o que ele pode se tornar." Madsen concluiu que o personagem sofria pressão dos pais para assumir uma nova identidade, mas Tris o encoraja a aceitar quem ele é.

Alto da página: Miles Teller (Peter) e Shailene Woodley (Tris).

Ao lado: Tris (Shailene Woodley) e Al (Christian Madsen) contracenam.

OS COADJUVANTES

Neil Burger dirige Ben Lloyd-Hughes, que interpreta Will.

O ator britânico Ben Lloyd-Hughes foi escalado como Will, que vem transferido da Erudição e se torna um dos amigos de Tris. A ideia de Will como um personagem realmente forte, que faz escolhas com base em princípios, foi o que mais o atraiu: "Qualquer um que mude de facção nesse mundo é um rebelde", esclarece Lloyd-Hughes, "então há um lado rebelde em Will. Mas também há uma parte dele que é atraída pela ideia de que pode ser corajoso. De que pode tomar decisões nobres e honradas e se destacar da melhor forma possível."

"UMA DAS COISAS QUE MAIS ME IMPRESSIONOU FOI O FATO DE O MATERIAL PARECER ILIMITADO. NÃO HAVIA APENAS UMA HISTÓRIA A SER CONTADA... ACHEI ISSO TUDO MUITO INTERESSANTE."

—MEKHI PHIFER (MAX)

Mekhi Phifer, que interpreta o líder da Audácia, Max, se lembra da primeira vez que leu o roteiro: "Uma das coisas que mais me impressionou foi o fato de o material parecer ilimitado. Não havia apenas uma história a ser contada. Há personagens complexos e questões que podem ser trazidas à tona, e eu achei isso tudo muito interessante." Além disso, ele também gostou da ideia de fazer parte do projeto de um filme a que sua família teria prazer em assistir. Mesmo que Max seja o líder, ressalta Phifer, na verdade é Eric – seu subordinado – o personagem mais sombrio.

À direita: Max (Mekhi Phifer).

Abaixo: Eric (Jai Courtney).

Embora Eric pareça indiferente aos iniciandos, o ator que o interpreta, Jai Courtney, decidiu mergulhar fundo no personagem para entender suas motivações. "Eu não queria que ele fosse o tipo de vilão que aparece ao fundo, enrolando as pontas do bigode e fazendo planos malignos", desabafa Courtney. "O personagem precisava ser um pouco mais do que isso, para mim. Como ator, é preciso ter compaixão por seu personagem, não importa quão ruim ele seja ou do que é capaz. De certa forma, interpreto o papel do sargento malvado durante o treinamento. Mas Eric, meu personagem, também está comprometido com essa ambiciosa missão de tomar o controle. Então ele tem um objetivo maior."

No papel de Christina, Zoë Kravitz, filha de Lenny Kravitz e Lisa Bonet, e estrela de *X-Men: primeira classe*, se identificou imediatamente com Shailene. Assim como seus personagens, as atrizes viraram amigas bem depressa. "O relacionamento de Christina com Tris é bem como o meu com Shai, na vida real. Elas se conheceram no início, e as duas tinham se transferido. Ambas haviam acabado de deixar suas facções de origem para se juntar à Audácia. E tiveram uma conexão imediata, do tipo que temos quando conhecemos alguém no primeiro dia de aula. As duas são bem honestas e corajosas, mas, ao mesmo tempo, estão um pouco assustadas."

Amy Newbold, uma novata, se juntou a Shailene e Zoë à equipe no papel de Molly. Nascida em Chicago, ela havia acabado de deixar seu emprego como assistente de diretor de elenco para estudar enfermagem, mas recebeu um telefonema do antigo chefe assim que ele descobriu que *Divergente* precisava de uma atriz com seu tipo físico e aparência. A personagem para qual se candidatou, Molly, era definida por seu físico, e Amy já havia feito algumas poucas aulas de kickboxing. Sua primeira audição foi excelente, e ela logo começou a treinar com o restante do elenco da Audácia. "É bem divertido encontrar alguém que nunca trabalhou antes e acaba se revelando uma estrela", comemora a produtora Lucy Fisher.

Da esquerda para a direita:
Molly (Amy Newbold), Christina (Zoë Kravitz) e Caleb Prior (Ansel Elgort).

O nova-iorquino Ansel Elgort recebeu um papel que o separava dos outros atores. Enquanto a maioria interpretaria membros da Audácia, Elgort foi escalado como Caleb, o irmão de Tris que troca a Abnegação pela Erudição. Elgort achou seu personagem intrigante. "Ele realmente põe a facção antes do sangue", explica o ator, referindo-se a uma frase que ecoa pelo filme. "Ele acredita mesmo que a Erudição deveria assumir o poder. Recém-saído da Abnegação, sua mente está vazia, pronta para ser corrompida, por isso crê em muito do que ouve quando é transferido." O personagem de Elgort tem uma longa jornada pela frente, tanto em *Divergente* quanto na sequência.

> "ELE ACREDITA MESMO QUE A ERUDIÇÃO DEVERIA ASSUMIR O PODER. RECÉM-SAÍDO DA ABNEGAÇÃO, SUA MENTE ESTÁ VAZIA, PRONTA PARA SER CORROMPIDA."
> — ANSEL ELGORT (CALEB PRIOR)

ESCALANDO A OUTRA GERAÇÃO

Conforme o treinamento prosseguia, os últimos papéis de *Divergente* foram sendo preenchidos. Segundo o produtor Doug Wick, parte da transformação de Tris em uma pessoa poderosa é enfrentar alguém ainda mais poderoso do que ela. "Quanto mais forte o antagonista, mais profundo é o rito de passagem", ressalta. Ele sabia que queria uma atriz famosa para interpretar Jeanine, a perigosa líder da Erudição, mas até ele ficou surpreso quando a produtora Lucy Fisher decidiu convidar Kate Winslet, estrela de *Titanic* e a atriz mais jovem a receber seis indicações ao Oscar. "Lucy sabia que precisávamos de alguém importante para o papel de Jeanine. É por isso que foi atrás de Kate Winslet. Kate costuma ser associada à qualidade e ao bom gosto, mas teria que interpretar a antagonista, o que é novo para ela. Quando se tem uma atriz desse calibre no elenco, o projeto ganha um novo status perante a comunidade artística."

Veronica Roth mal podia acreditar no que ouvia. "Eles me mantinham informada sobre quem consideravam para os papéis dos adultos. Quando disseram que convidariam Kate Winslet, fiquei pensando 'ah, boa sorte'", recorda. "Sou uma pessimista declarada. Nunca acredito que algo vá dar certo, até que dá. Então, quando Ashley Judd, Tony Goldwyn e Kate Winslet foram escalados, eu não sabia mais em que pensar! Coloquei apenas uma série de pontos de exclamação no meu Tumblr e Twitter, porque era tudo o que conseguia dizer."

EM BUSCA DO ELENCO PERFEITO

O papel de Jeanine era diferente de tudo que Kate Winslet havia feito antes. "Ela é uma mestra na arte da manipulação", declara Winslet. "E é fascinante interpretar alguém tão claramente astuto e manipulador, porque não é algo natural para mim. Eu nunca tinha feito o papel de uma pessoa má antes. Então é maravilhoso entrar na mente de uma pessoa assim. Seu objetivo principal é mesmo dominar o mundo. Ela é uma mulher muito esperta."

Embora o filme seja baseado em um romance para jovens, os atores veteranos sabiam que estavam se envolvendo em uma produção também voltada para o público adulto. Por exemplo, Tony Goldwyn (da série de TV *Scandal*) vê o roteiro com olhos de pai e de filho. "Acho que Veronica Roth escreveu um clássico em termos de rito de passagem", declara. "Cada um precisa assumir uma identidade e descobrir quem é, mesmo que isso signifique se diferenciar dos pais. É algo que pode gerar uma tremenda ansiedade, incerteza e até mesmo um trauma."

Mas se é traumático para quem faz a escolha, também é para quem deve lidar com as consequências, que é o caso de seu personagem, o pai de Tris, Andrew Prior. Goldwyn complementa: "A tragédia de Andrew é a de perder um filho, mas ele não sofre apenas uma perda pessoal. Ele repara nas mudanças do mundo e se sente frustrado por Tris não entender a repercussão do que está fazendo. Andrew sabe que Jeanine vai usar a deserção de Tris contra a facção. Mas está lidando com uma filha que simplesmente não se dá conta disso. À maneira da Abnegação, ele tenta fazê-la entender as possíveis consequências de seu comportamento."

Acima: Tris (Shailene Woodley) e o pai, Andrew Prior (Tony Goldwyn).

Na página anterior: Os produtores Doug Wick e Lucy Fisher estudam uma cena com Kate Winslet (Jeanine Matthews).

> "CADA UM PRECISA ASSUMIR UMA IDENTIDADE E DESCOBRIR QUEM É, MESMO QUE ISSO SIGNIFIQUE SE DIFERENCIAR DOS PAIS."
> — Tony Goldwyn (Andrew Prior)

No filme, Ashley Judd interpreta a esposa de Goldwyn, Natalie Prior. Os dois atores já haviam trabalhado juntos em *Alguém como você* e em outros filmes, então Goldwyn sabia que conseguiriam transmitir o tipo de afeição que os tornaria um casal convincente. Ashley também estava pronta para se aprofundar nos outros relacionamentos familiares do filme. "Somos imediatamente apresentados a esse adorável casal de irmãos, cujo futuro está em jogo", destaca a atriz. "Logo vemos que Tris sente grande admiração, respeito e amor pelos pais. Mas ela também sofre com um dramático conflito interno..."

Quando os irmãos escolhem novas facções na Cerimônia de Escolha, Andrew e Natalie são deixados sozinhos. Mas Natalie tem um segredo: ela já foi da Audácia. "Por alguma razão, minha personagem não viu motivo para contar aos filhos que era de outra facção e optou por desertar. Mesmo quando conto a Tris, não revelo tudo." No fim do filme, Tris é deixada com apenas um esboço da história da mãe, e não pode mais fazer perguntas a Natalie.

> "POR ALGUMA RAZÃO, MINHA PERSONAGEM NÃO VIU MOTIVO PARA CONTAR AOS FILHOS QUE ERA DE OUTRA FACÇÃO E OPTOU POR DESERTAR."
> — ASHLEY JUDD (NATALIE PRIOR)

Natalie Prior (Ashley Judd).

Maggie Q., estrela da série de televisão *Nikita*, aceitou o papel de outro adulto importante no mundo de Tris: Tori, que administra o teste de aptidão. Ela é a primeira a descobrir que Tris é Divergente, e, também, a primeira a avisar que a heroína corre perigo. Tori desenvolveu certa rispidez na Audácia, e não parece uma aliada no primeiro momento. "Tori é uma veterana. Ela não é uma das crianças. É uma personagem misteriosa que vira uma espécie de guia para Tris", conta Maggie.

Por ser uma estrela de filmes de ação, Maggie Q. se sentiu atraída pelo roteiro eletrizante, mas também gostou do fato de seu papel lhe dar a chance de explorar seu lado mais sensível. "Eu gosto da ideia de Tori ser uma mentora relutante. Ela possui um conhecimento que não quer compartilhar. Mesmo que seja da Audácia, precisa sair de sua zona de conforto para conseguir ajudar alguém. Ela não conhece Tris muito bem, mas a situação dela a afeta."

Enquanto Maggie Q. foi escolhida para interpretar uma mentora, Ray Stevenson foi escalado para o papel de Marcus, o pai violento de Quatro. Stevenson já atuara como chefe do crime em *Dexter*, mas idealizou Marcus como um personagem mais complexo. "Eu não o chamaria de vilão da história", pondera, "é provável que ele veja em Quatro muito de si mesmo."

Quando o treinamento do elenco da Audácia chegou ao fim, os outros atores foram para Chicago juntar-se a eles. As filmagens começariam no início de abril de 2013, o que significava que os estúdios e as locações precisavam estar preparados nos mínimos detalhes.

Acima: Tori Wu (Maggie Q.)

À Esquerda: Marcus Eaton (Ray Stevenson)

PROCURA-SE: O QUATRO PERFEITO

Theo James no papel do detetive Walter Clark, no seriado *Golden Boy* (2013).
Na página seguinte: Tobias "Quatro" (Theo James).

Enquanto o restante do elenco era formado, a busca por Quatro continuava. A produtora Lucy Fisher relembra: "Continuávamos nos perguntando, 'quem é Quatro? Quem é Quatro?' Testamos diversos atores, e todos eram interessantes à sua própria maneira, mas nenhum se encaixava exatamente no que estávamos procurando. Foi difícil encontrar o Quatro perfeito, alguém que tivesse uma postura dominante em relação a Shailene, que é tão forte. Estávamos chegando ao fim da linha, quase admitindo que não fazíamos ideia de quem poderia ser a pessoa certa. Até que Theo James apareceu e foi instantâneo. Na hora pensamos: 'Meu Deus... é ele'. Theo conseguiu. Durante o teste com Shailene, ele nos deixou abismados."

Veronica Roth acrescenta: "O único teste de cena que vi foi o de Theo com Shailene, então tive a chance de ver os dois juntos, e percebi que tinham uma química incrível. Depois de ver aquilo, fiquei pensando: 'Por favor, contratem ele. Por favor!' Fiquei extasiada quando Theo aceitou o papel, porque ele era perfeito. Maravilhoso."

O público adulto conhece o jovem ator inglês por seu breve, mas importante, papel como sr. Pamuk, na série *Downton Abbey*. Os mais jovens talvez o reconheçam do filme *Anjos da noite: o despertar*, ou por seu trabalho em séries de tevê como *Bedlam* e *Golden Boy*. Um papel principal em *Divergente*, no entanto, traria muito mais exposição e notoriedade a ele. Essa possibilidade atraiu James, mas o que de fato o fez aceitar o papel foi o próprio personagem.

"Eu adoro que Quatro seja uma pessoa que pensa antes de falar, que é contida: é um cara muito observador. Ele ouve e observa, mas nem sempre sente necessidade de falar ou impor sua presença. Quatro tem um ar clássico, é tranquilo e forte."

O ator lembra que, quando fez a primeira leitura com Shailene, Neil Burger o avisou que a atriz o pressionaria e o desafiaria. Como era previsto, ela fez uma leitura poderosa, mas James conseguiu encará-la de frente. Aquela era uma parte importante de seu personagem, James decidira: seu poder e coragem. Outra parte era a honestidade. "Quando estavam subindo a roda-gigante, Tris pergunta a ele se está com medo. E Quatro deveria ser másculo e durão, mas, em vez de negar, é bem direto. Ele admite que está com medo, porque sabe que todo mundo teme alguma coisa. O fato de se sentir tão confortável consigo mesmo, de conseguir admitir sua própria fraqueza, de certa forma o torna ainda mais forte." James conseguiu se identificar com as duas facetas de seu personagem, a feroz e a vulnerável.

"Escalar os atores certos para os papéis principais de *Divergente* era um dos elementos cruciais para o filme dar certo", lembra Patrick Wachsberger, copresidente do grupo Lionsgate Motion Picture. "Levamos o tempo necessário e tomamos muito cuidado para encontrar o par ideal para representar Tris e Quatro com a química descrita por Veronica Roth no livro. Quando Shailene Woodley e Theo James fizeram as audições, a conexão deles com os personagens e entre si foi instantânea. Os dois são, individualmente, muito talentosos, mas juntos têm uma dinâmica que era exatamente do que precisávamos para contar a história. Ambos atuaram brilhantemente no filme, e sei que os fãs do livro, assim como o público que será apresentado à história pela primeira vez, se apaixonarão perdidamente por eles."

> "QUATRO TEM UM AR CLÁSSICO, É TRANQUILO E FORTE."
> — THEO JAMES (QUATRO)

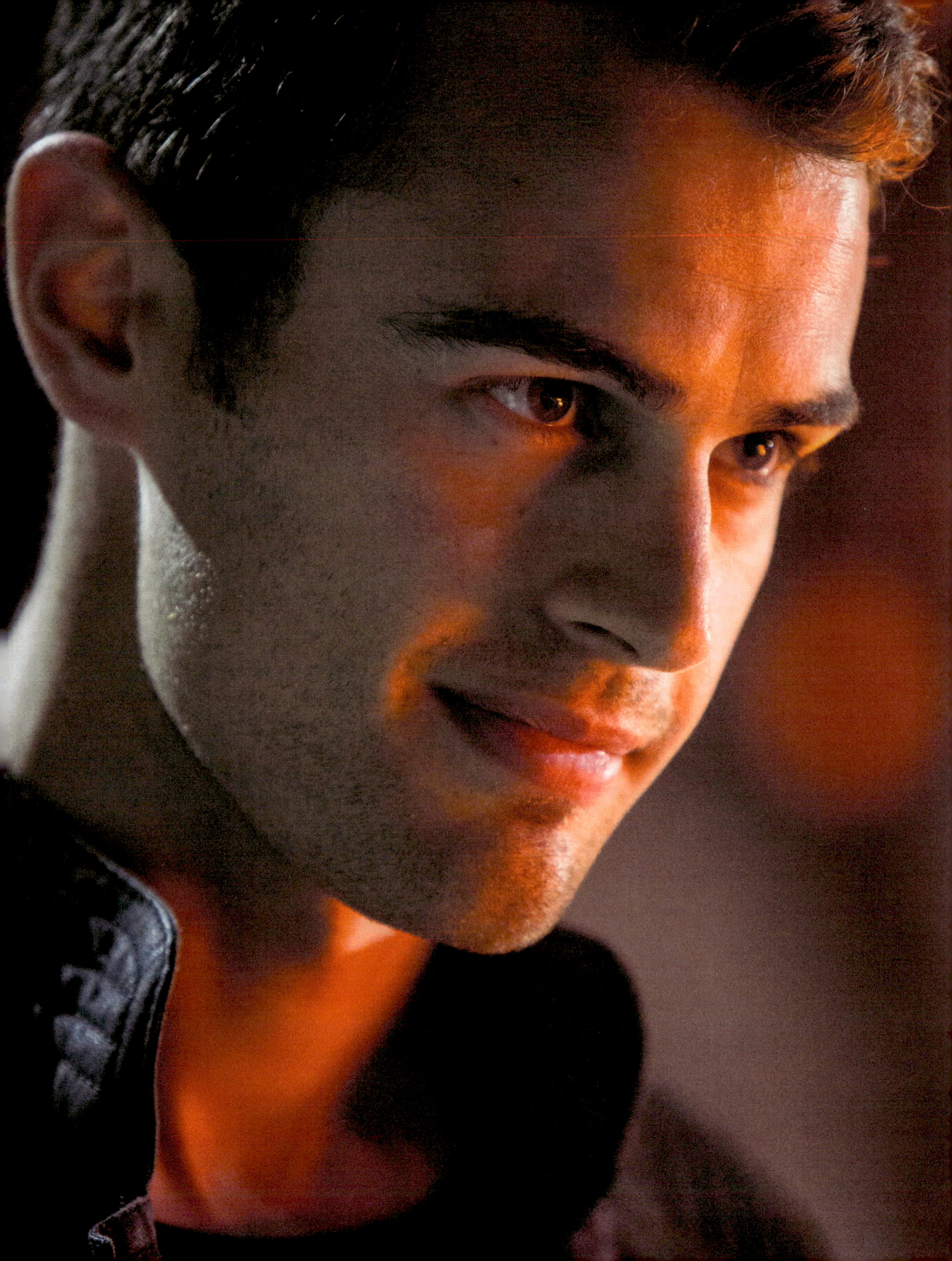

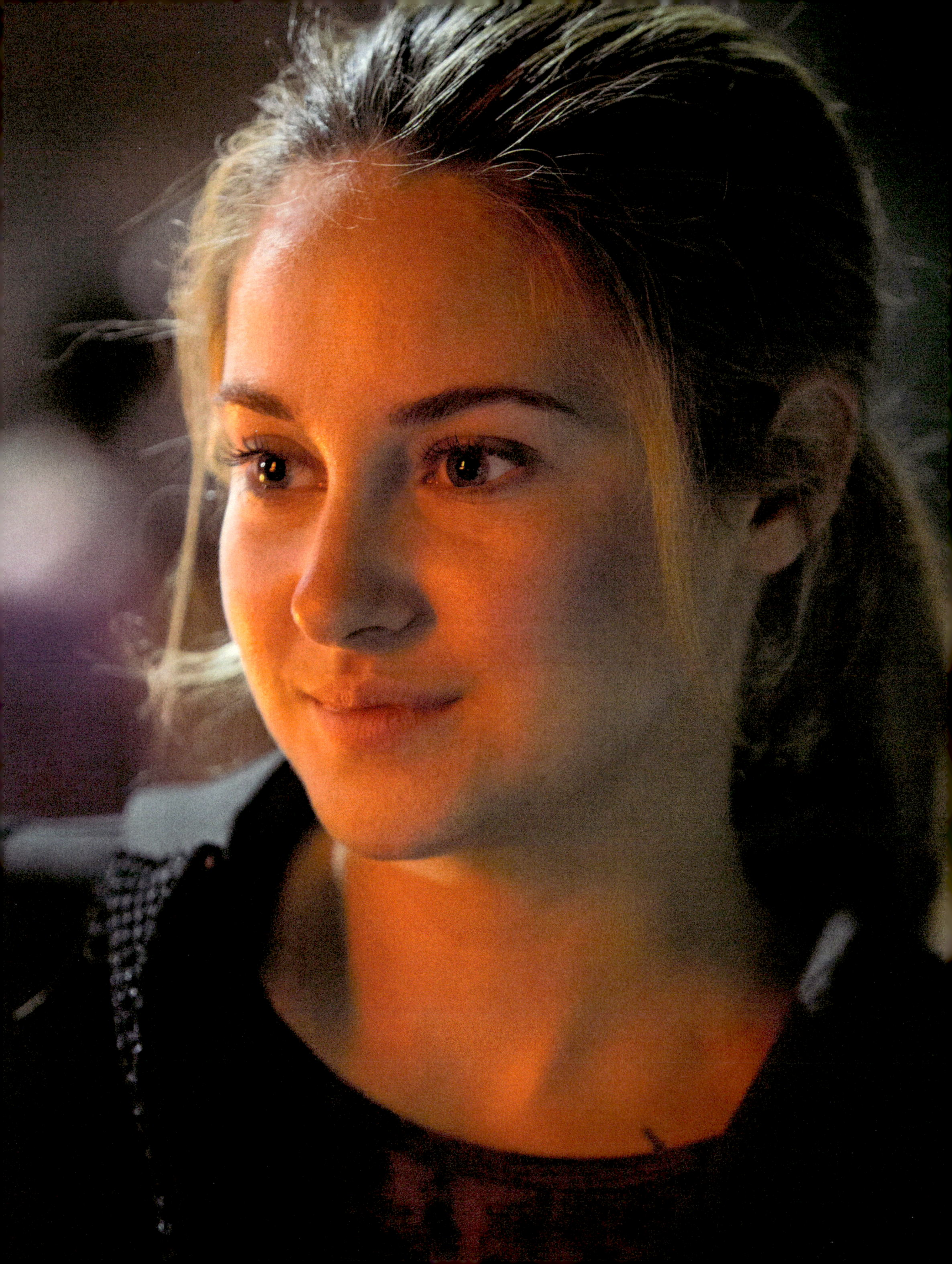

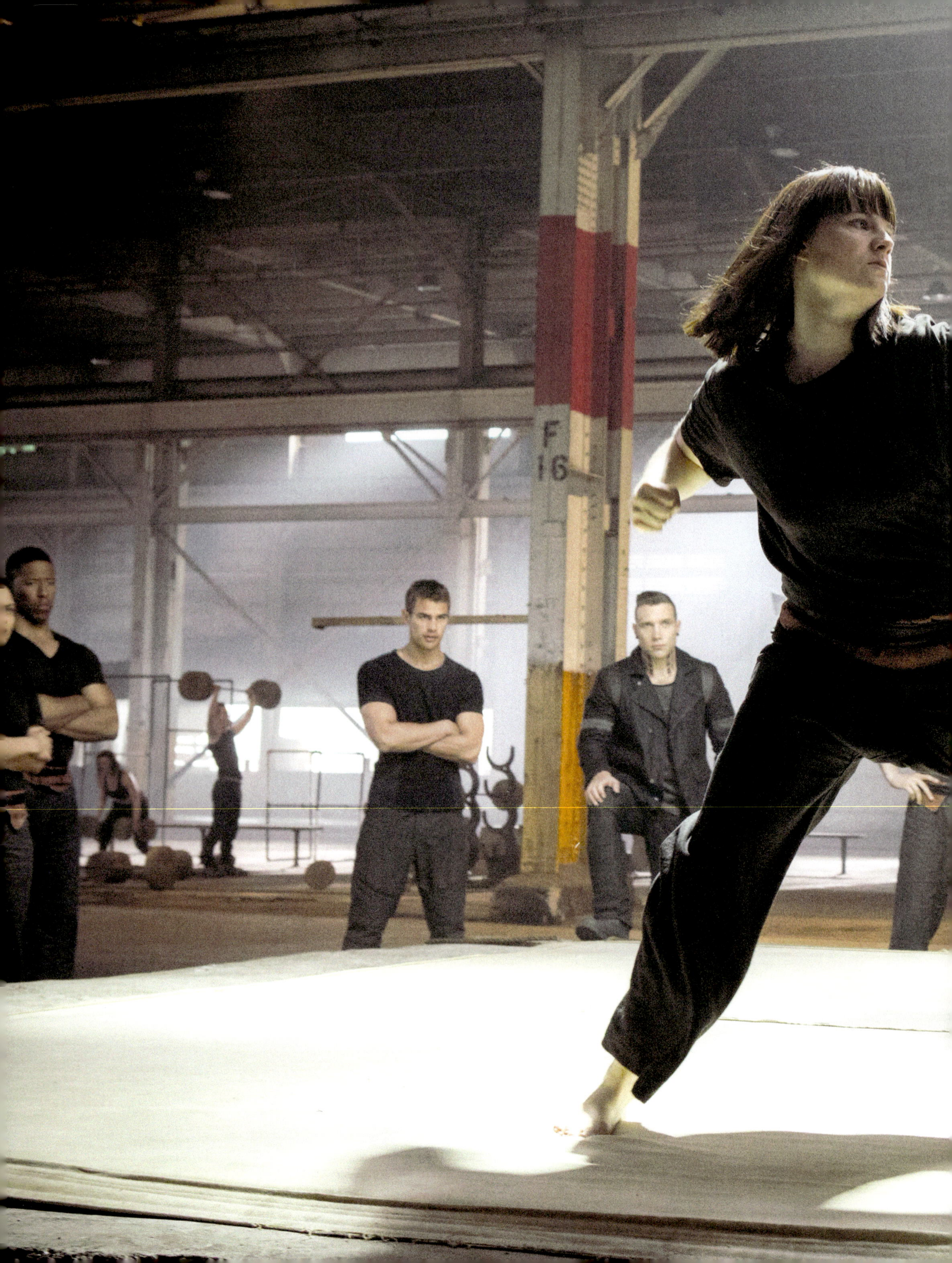
F
16

O TREINAMENTO

APRENDENDO A LUTAR

Quando o elenco estava completo, Burger e os produtores reuniram todos os atores em Chicago para uma espécie de iniciação. Eles precisavam se aprofundar nos personagens e se reunir como grupo, mas, principalmente, tinham de desenvolver o físico que os caracterizaria como membros da Audácia. Nas palavras do ator Miles Teller: "Não passamos por um treinamento de atores, enfrentamos um treinamento de atletas."

O coordenador de cenas de ação, Garrett Warren, foi o treinador e coreógrafo do grupo. "Eu já tinha trabalhado com Neil em *Sem limites*, e ele me ligou pedindo para criar um estilo de luta criativo e engenhoso. Depois, nos sentamos para conversar sobre como faríamos isso. O gestual era uma das coisas que poderíamos usar a nosso favor. Normalmente, as pessoas assumem uma postura de luta com as mãos erguidas, mas queríamos fazer algo diferente. Então optamos pelos braços ligeiramente cruzados. Também optamos por golpes de punho martelo, em vez do soco comum. O punho martelo é supostamente um pouco mais veloz e mais forte, e preserva os ossos da mão."

Além de aprender o estilo único de luta da Audácia, os atores tiveram que decorar os passos das muitas cenas de luta. Shailene Woodley e Miles Teller, que interpretam Tris e Peter, precisaram estudar as coreografias com atenção. "Nenhum de nós tinha feito lutas ensaiadas antes", ressalta Shailene. "São todas muito mecânicas e coordenadas... Se eu usasse muita força, poderia machucar Miles de verdade, e a mesma coisa valia para ele. Então precisávamos parecer violentos na tela, mas também tínhamos que ser cuidadosos um com o outro, entendendo que poderíamos nos machucar se não tivéssemos cuidado."

Na página anterior: O diretor, Neil Burger, e Shailene Woodley (Tris) discutem a postura de luta da Audácia.

Acima: Tris (Shailene Woodley) luta contra Peter (Miles Teller) enquanto Quatro (Theo James) os observa.

Nem todos os jovens atores precisaram passar pelo treinamento. Ansel Elgort chegou depois dos outros em Chicago, porque seu personagem não é da Audácia. E Jai Courtney, que interpreta Eric, também foi liberado dos treinos. "Para mim, em especial, não há tantas cenas de ação no filme. Então eu meio que consegui escapar do 'campo de treinamento', o que não me incomodou nem um pouco."

Para os outros, no entanto, o treinamento foi uma oportunidade de fortalecer o corpo e de trabalhar o personagem. Theo James, por exemplo, manteve-se afastado durante o treinamento, já que Quatro ocupava uma posição superior. Embora sejam todos mais ou menos da mesma idade, ele tem uma posição de autoridade. Christian Madsen lembra-se de um dia em especial, quando treinavam com alguns figurantes que também interpretavam membros da Audácia. Estávamos todos juntos quando Theo apareceu, no papel de Quatro. Ele já entrou gritando com todo mundo, até mandou Shai 'pagar' vinte flexões. Foi bem impressionante. Isso ajudou mais tarde, quando estávamos filmando, pois era só lembrar o jeito como ele tratou todo mundo."

Com a orientação de Garrett Warren, os atores ficaram mais fortes e se sentiram mais como membros da Audácia. De acordo com Ben Lloyd-Hughes: "É sempre bom ter um treinador por perto, dizendo o que fazer e incentivando-o a ir mais longe. Esses caras podem ajudá-lo a evoluir mais do que você conseguiria sozinho em uma academia." Mesmo para personagens com poucas falas no roteiro de *Divergente*, era importante conquistar uma forma física que parecesse ameaçadora.

"NÃO PASSAMOS POR UM TREINAMENTO DE ATORES, ENFRENTAMOS UM TREINAMENTO DE ATLETAS."
— Miles Teller (Peter)

À esquerda: Quatro (Theo James) faz uma demonstração com um iniciando da Audácia.

Acima: Shailene Woodley (Tris) e Miles Teller (Peter) filmam uma cena sob a orientação de Garrett Warren, coordenador de cenas de ação.

CONSTRUINDO O MUNDO DE *DIVERGENTE*

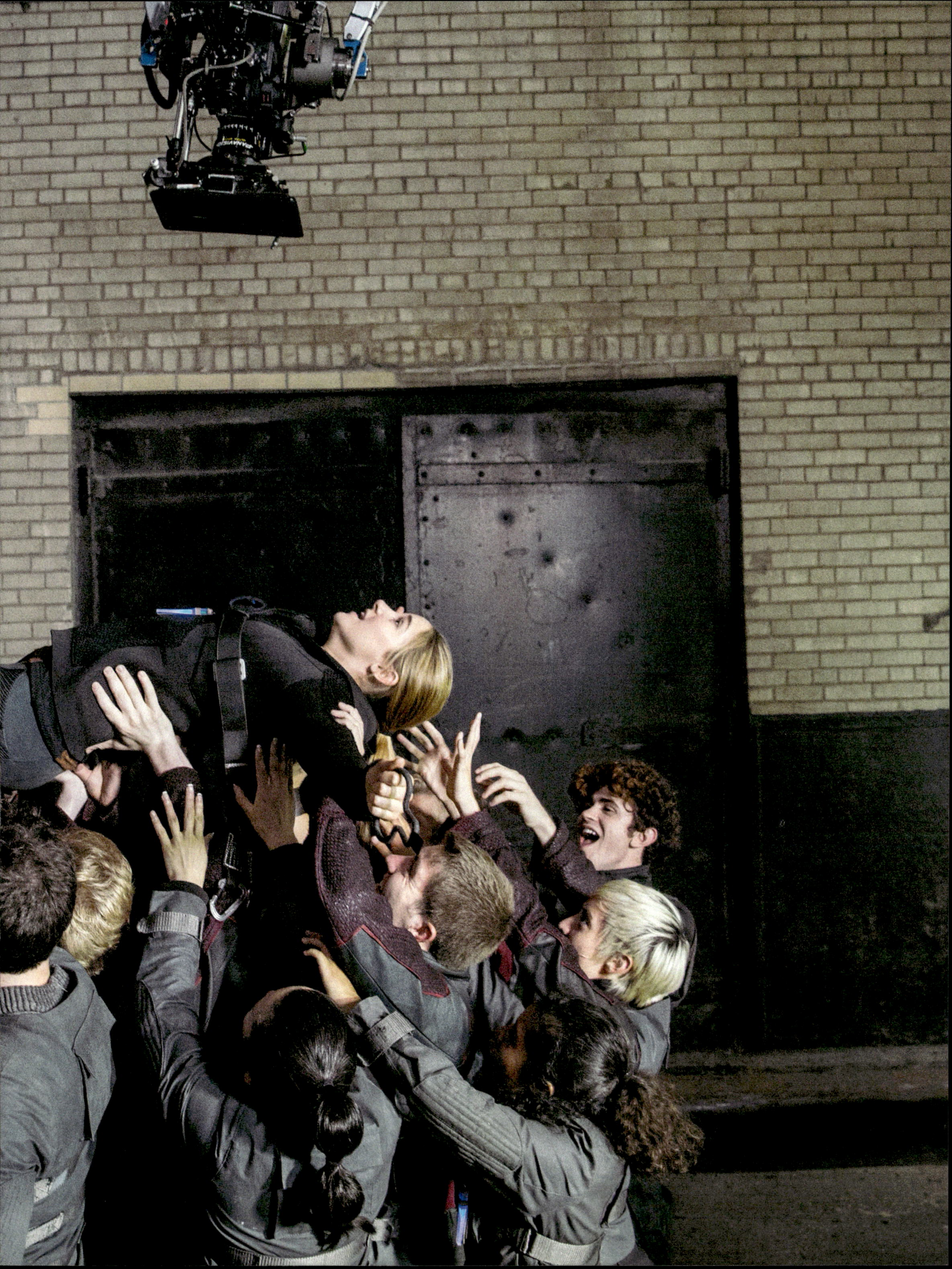

EM BUSCA DE LOCAÇÕES

O Grand Ballroom, ao final do Navy Pier, é o cenário para o teste final com as paisagens do medo.

O **gerente de locação,** James McAllister, estava trabalhando noite e dia. "Eu diria que consideramos cem ou mais locações e usamos mais ou menos metade", conta. "Neil tentou encontrar diversos lugares que poderiam continuar a existir em 150 anos, ainda que utilizados de maneira diferente. O centro comercial que usamos como colégio fica na ponte da avenida Michigan, um lugar que ainda poderia ser o centro da cidade em um futuro distante. Mas se algum desses locais já tivesse aparecido em muitos filmes, Neil preferia evitá-lo, ou pelo menos abordá-lo a partir de uma nova perspectiva."

Enquanto McAllister procurava locações, ele considerava o que a equipe precisaria fazer para transformá-las para as filmagens. "Conversamos sobre as ruas da cidade e qual seria o melhor modo de dar a elas um visual de 150 anos no futuro. Que elementos do presente precisariam ser modificados? Semáforos, faixas de pedestre, lixeiras, estacionamentos de bicicleta, placas de trânsito... Tudo isso precisaria ficar de fora", explica. Já que em *Divergente* quase não haveria carros, a produção precisaria fazer as ruas parecerem pouco usadas ou mal-conservadas; artigos comuns, como placas e faixas de pedestre, pareceriam estranhos ao cenário. Alguns seriam removidos antes da filmagem, outros seriam re-

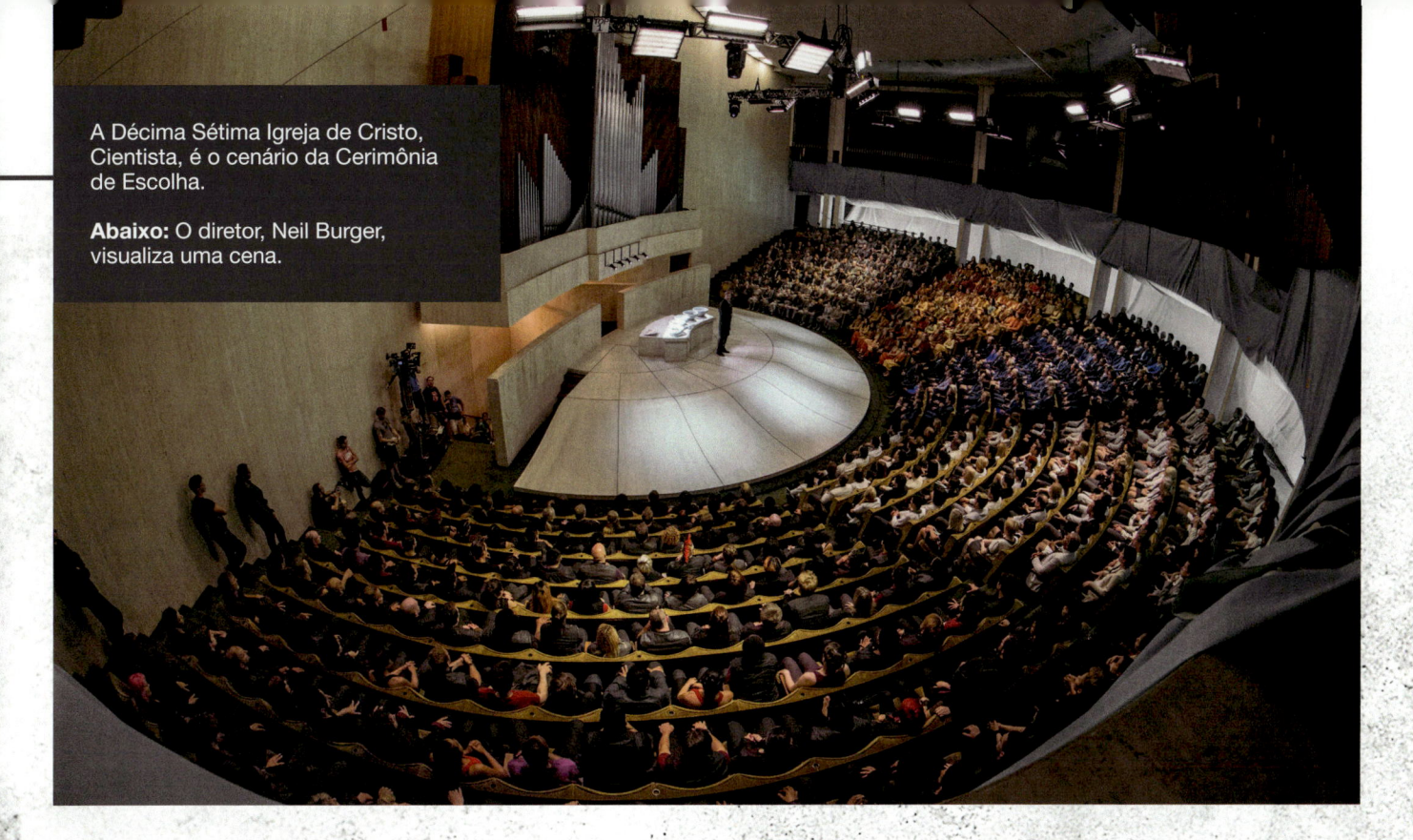

A Décima Sétima Igreja de Cristo, Cientista, é o cenário da Cerimônia de Escolha.

Abaixo: O diretor, Neil Burger, visualiza uma cena.

tirados muito depois, na pós-produção, por uma equipe liderada por Jim Berney, supervisor de efeitos especiais.

"Os efeitos especiais em *Divergente* são sutis. Estamos levando a cidade de Chicago real para um pouco no futuro. Nada tão diferente que o seu cérebro não possa compreender, apenas o suficiente para fazê-la parecer um pouco sinistra", explica Berney.

Chicago oferecia muitas possibilidades. Em uma cidade que evoluiu de centro industrial para capital cosmopolita, é certo que haveria diversas oportunidades. McAllister recorda: "Devido à importância de Chicago na Revolução Industrial, havia um monte de edificações do tipo disponíveis. Construções de chapas de aço pesadas, tijolos e até enormes fábricas antigas. E, como a cidade continua evoluindo, também temos os prédios novos e brilhantes, igualmente interessantes para nós."

Ele e Burger identificaram cada uma das locações onde poderiam filmar. A Décima Sétima Igreja de Cristo, Cientista, no centro de Chicago, daria um salão da Escolha majestoso. A Biblioteca Mansueto, na Universidade de Chicago, ficaria perfeita como livraria da Erudição. A roda-gigante do Navy Pier, central na história de Roth, seria disponibilizada para uso da equipe, assim como o Grand Ballroom ao final do píer, que acomodaria a intimidante paisagem do medo.

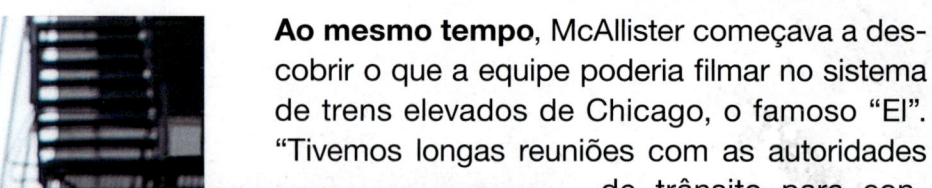

> "EM QUALQUER SET, O PONTO DE PARTIDA É SEMPRE UM MODELO 3D EM UM COMPUTADOR, POIS ASSIM É POSSÍVEL EXPLORAR CADA DETALHE."
> —Andy Nicholson, diretor de arte

Ao mesmo tempo, McAllister começava a descobrir o que a equipe poderia filmar no sistema de trens elevados de Chicago, o famoso "El". "Tivemos longas reuniões com as autoridades de trânsito para conversar sobre o que poderíamos ou não fazer na propriedade deles. Conseguimos começar algumas das cenas de subida nas estruturas dos elevados, sempre respeitando parâmetros bem rigorosos sobre até que altura poderíamos ir e que distância deveria ser mantida dos cabos de força."

Conforme o processo de escolha de locações se desenrolava, com a equipe de Neil Burger já a postos, ficou claro que a cidade não poderia oferecer locações perfeitas para cada cena. O que não pudesse ser feito em um cenário real seria filmado nos estúdios, construídos do zero. Muitos deles poderiam ser criados em Cinespace, um enorme complexo de produções cinematográficas na zona oeste da cidade, que dispunha de espaços enormes, lojas de tinta e carpintaria e bastante espaço para armazenagem.

Fosse buscando locações ou planejando os sets, os cineastas programaram tudo nos mínimos detalhes antes de efetivamente trazer as câmeras. No começo do processo, o diretor de arte, Andy Nicholson, trabalhou com um desenhista conceitual para criar imagens de todos os lugares, desde o setor da Audácia até a silhueta da Chicago imaginária de Roth. "Precisávamos saber do que estávamos falando quando fôssemos para uma locação externa com as câmeras e os figurinos."

Além disso, Nicholson criou um modelo digital elaborado de cada set que seria construído. "Em qualquer set, o ponto de partida é sempre um modelo 3D em um computador, pois assim é possível explorar cada detalhe. É possível vê-lo da perspectiva do filme, fazer estudos de luz. E tudo isso se torna muito importante quando se está gastando uma grande quantidade de dinheiro dos outros para, digamos, construir uma vila ao ar livre. É crucial que tudo funcione de forma prática para a filmagem."

À esquerda: Tris (Shailene Woodley) escala as estruturas dos trens elevados de Chicago.

Acima: A Chicago do futuro.

Abaixo: Modelo 3D de um dos trens "El".

UM LAR PARA CADA FACÇÃO

Um dos maiores desafios dos cineastas foi diferenciar visualmente as facções e transmitir informações importantes sobre elas por meio de pistas visuais. Os setores onde vive e trabalha cada facção, assim como o figurino e a maquiagem, precisavam refletir os valores essenciais a cada uma. No filme, o público acompanha o modo de vida da Abnegação e da Audácia, mas tem apenas um relance da Erudição e dos sem-facção (e não vê nada sobre Amizade e Franqueza). Burger e Nicholson imaginaram como seriam as casas de cada facção. Os setores da Abnegação e da Audácia foram os dois maiores sets que a equipe construiu.

"Algo que realmente tentamos fazer quando desenvolvemos as facções", ressalta Nicholson, "foi apresentá-las de um modo atrativo à sua própria maneira. A Audácia é obviamente atrativa: é um lugar empolgante, perigoso e dinâmico para se viver. Você também acaba gostando da Erudição, mesmo que sejam os vilões da história. Além disso, Tris acha a Abnegação confortável e calma até o momento da partida, então esperamos que algumas pessoas assistam ao filme e pensem: "Por que ela saiu da Abnegação? Era um lugar tão legal."

Amy Newbold, que interpreta Molly, lembra que se sentiu bastante afetada pelas locações escolhidas para o complexo da Audácia. "As pessoas vivem em um mundo completamente funcional, onde não há conforto", explica. "E mesmo assim tudo era tão detalhado dentro daqueles armazéns gelados."

Modelo 3D do Fosso da Audácia.

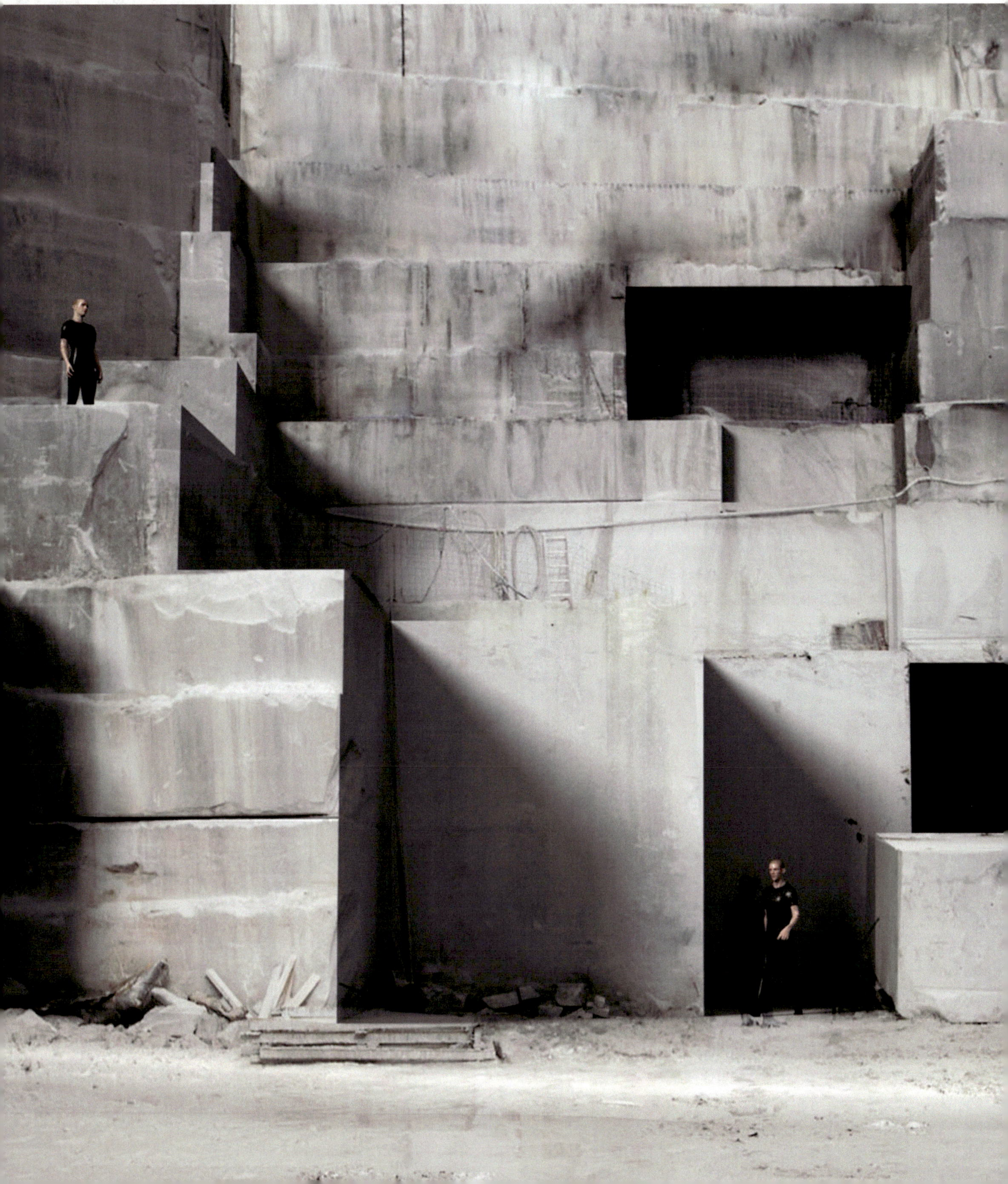

O SETOR DA ABNEGAÇÃO

Nenhuma locação de Chicago fazia lembrar naturalmente o setor da Abnegação, então Burger e Nicholson concordaram que precisariam construí-lo do zero. A questão era como e onde fazê-lo. O ideal seria terem espaço para criar um grupo de casas da Abnegação, onde conseguiriam filmar cenas ao ar livre tanto para o começo pacífico quanto para o violento final do filme. O complexo do Cinespace era um recurso maravilhoso para a equipe, mas não era grande o bastante para acomodar a batalha final.

O produtor executivo John Kelly relembra o momento em que encontraram a solução perfeita: "Fomos a Chicago assim que tivemos tempo livre. Neil e eu seguimos para o topo da Willis Tower, a Sears Tower. Paramos no 113º andar, com as antenas uns cem metros acima das nossas cabeças. Neil olhou para baixo e viu um pequeno terreno a um quilômetro de distância de onde estávamos, e disse: 'É ali que vamos construir a Abnegação.' Eu respondi: 'Tudo bem... Se pudermos pagar por isso...' Não achei que fosse dar certo. Era um terreno baldio no centro de Chicago! Mas conseguimos alugar, e foi lá que construímos a cidade. Uma humilde vila da Abnegação à sombra de um dos maiores edifícios do mundo." Ainda que estivessem construindo um cenário, eles conseguiram tirar proveito das qualidades da cidade.

A vila era constituída por uma dezena de casas cinzentas com um design simples e contemporâneo. No filme, pareceriam feitas de concreto, mas na verdade eram de gesso, com acabamentos decorativos. Elas representavam fielmente o modelo de modéstia e simplicidade da Abnegação.

A vila da Abnegação, com a Willis Tower ao fundo.

A construção da vila acabou sendo bastante trabalhosa; o processo levou três meses. Quando ficou pronta, viram que Burger tinha razão. "O fato de ser um terreno vazio no limiar do centro de Chicago foi uma grande atração para Neil", explica McAllister, o gerente de locação. "Tínhamos visitado alguns terrenos vazios seis ou oito quadras mais distantes, mas a perspectiva neles era diferente. Aquela locação, com a cidade logo ali, realmente enriquece a cena." Como o espaço ficava a céu aberto, alguns fãs descobriram e foram assistir à construção das casas. Os que não conheciam *Divergente*, no entanto, pensavam ser apenas a construção de um novo complexo de apartamentos.

Acima: A vila da Abnegação em construção.

À direita: Casa da Abnegação.

Abaixo: Cena de Shailene Woodley (Tris) no telhado da casa dos Prior.

DENTRO DA CASA DOS PRIOR

No **Cinespace**, outra equipe criou o interior da casa de Tris, que também foi adaptado para servir como interior de outras casas da Abnegação. A decoradora de set Anne Kuljian explica: "Tentamos reduzir a vida às necessidades básicas no cenário da Abnegação. Um cômodo funciona como sala de jantar, de estar e de trabalho para a família. As outras áreas da casa são a cozinha e os quartos, então você provavelmente passa todo o seu tempo dentro de casa nesse aposento de uso comum. Tentamos construí-lo de forma que as diferentes atividades pudessem ser realizadas em uma grande mesa, que às vezes serviria para comer, às vezes para trabalhar e às vezes apenas para conversar. O cenário pequeno reflete o modo de pensar da Abnegação. O espaço reduzido contribui para a união da família."

As cores das casas também refletem a estética da Abnegação. "Tentamos manter os elementos no estado mais puro, e as cores sem muita mistura", continua Anne. "Então temos os tons de cinza frios e o bege quente do freixo, uma madeira que usamos muito nesse cenário. O lugar tem certo calor, mas transmite de fato uma sensação minimalista."

Mesmo o chão da casa é um símbolo da dedicação da Abnegação à simplicidade e à reciclagem de materiais. A produtora Lucy Fisher destaca um momento especial no set. "Tinha um bando de gente da cenotécnica na casa dos Prior, todos animados. Eu fui até lá e os vi exultantes, então perguntei: 'O que está acontecendo? Eles me mandaram olhar para o chão. Vi que era um quebra-cabeça de peças de madeira que tinham sobrado da montagem e se encaixavam com perfeição. Era um chão primoroso, e o mais incrível era o quanto o pessoal estava envolvido com a história. Eles perceberam que aquele piso seria perfeito para a cena em que algumas mechas do cabelo de Tris são cortadas e caem no chão."

Abaixo: Neil Burger dirige a cena do jantar na casa dos Prior.

À direita: Shailene Woodley (Tris) e Ashley Judd (Natalie Prior) conversam entre tomadas. À esquerda delas, o diretor de fotografia, Alwin Küchler (de joelhos), e o diretor, Neil Burger.

"O LUGAR TEM CERTO CALOR, MAS TRANSMITE DE FATO UMA SENSAÇÃO MINIMALISTA."
— ANNE KULJIAN, DECORADORA DE SET

O COMPLEXO DA AUDÁCIA

O diretor, Neil Burger, prepara Theo James (Quatro) para uma cena no enorme Fosso da Audácia.

Se o cenário da Abnegação tinha um efeito minimalista, o da Audácia precisava ser bruto e vibrante. Porém, havia o desafio de que o lugar deveria parecer subterrâneo. A princípio, o diretor de arte, Andy Nicholson, pensou em um cenário escuro, como uma caverna, mas sabia que seria difícil filmar nesse tipo de lugar, já que os personagens precisariam ficar expostos à luz enquanto o fundo permaneceria escuro. Nicholson acabou tendo outra ideia: em vez de o setor da Audácia ser uma caverna escura, ele seria escavado em mármore ou calcário.

Theo James, que interpreta Quatro, fala sobre sua primeira impressão do cenário: "Quando li o livro e o roteiro pela primeira vez, pensei em um lugar escuro. Frio e úmido. E me perguntei o que atraíra a Audácia para aquele lugar. Parecia tão inabitável, devia ser frio o tempo todo. Então Neil explicou que o mármore branco cria uma sensação de calor, visualmente. E isso é realmente necessário quando se pretende que as pessoas embarquem nesse mundo."

Embora o Fosso, como os cineastas o chamavam, precisasse parecer subterrâneo, ele foi construído em um enorme estúdio no Cinespace. A construção exigiu muito tempo e esforço, mas o Fosso tinha que ser grande o bastante para ilustrar a liberdade da Audácia em contraste com as casas claustrofóbicas da Abnegação.

As cenas em grupo da Audácia seriam filmadas no Fosso e completadas com filmagens de ou-

Acima: No túnel da Audácia.

Abaixo: Shailene Woodley (Tris) tem a maquiagem retocada pelo gerente do departamento de maquiagem, Brad Wilder, e pela maquiadora-chefe, Denise Paulson.

tras locações e estúdios, de forma a dar a entender que se passavam no mesmo lugar. O diretor de arte, Andy Nicholson, explica: "Nós temos uma série de espaços que precisamos aproveitar em muitas cenas diferentes, de forma que continuem identificáveis, sem passar a impressão de que estamos filmando tudo contra paredes sem qualquer decoração. Os corredores, consequentemente, têm estruturas bem detalhadas. É muito importante que o público saiba de onde vem ou para onde vai um personagem."

O gerente de locação, McAllister, acrescenta: "Todos os ambientes da Audácia foram complicados, porque havia muitos lugares e elementos a serem considerados. Precisávamos juntar todos de uma forma que combinassem, mas com o cuidado de não criar algo monótono. O dormitório, o refeitório e o túnel – todos os lugares precisavam ser um pouco diferentes." Diversos tipos de iluminação, em especial de LED, ajudaram a criar essas áreas distintas.

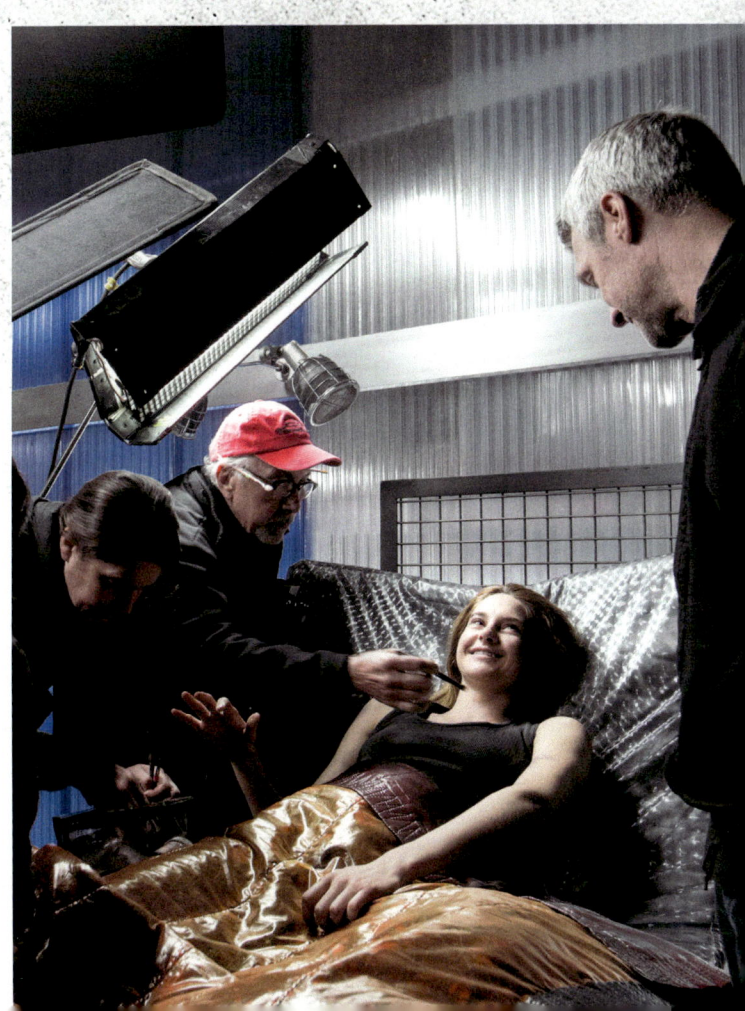

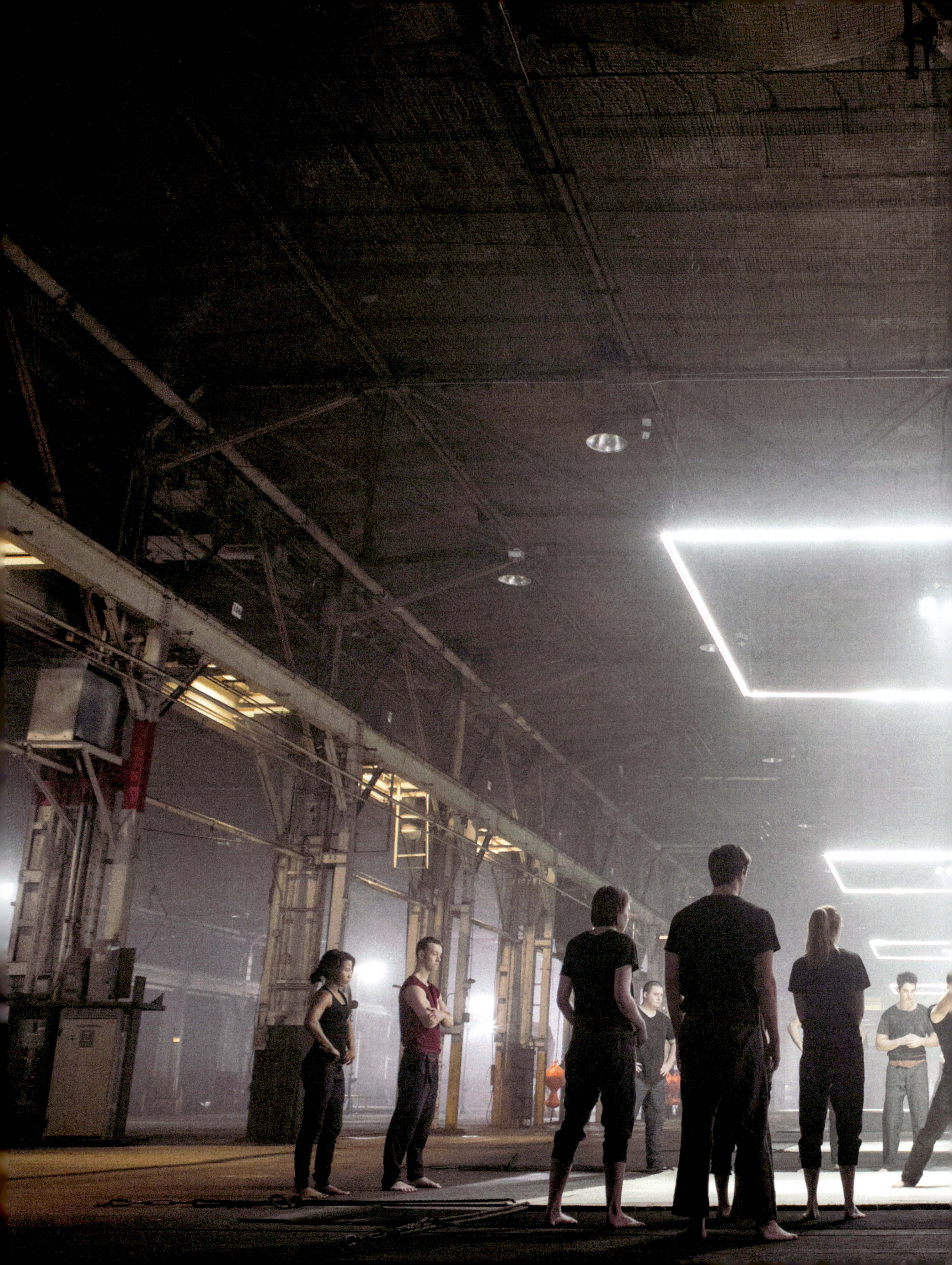

> "O TAMANHO DA ARENA DE LUTA NOS DEU A VANTAGEM DE PODER TRABALHAR COM PERSPECTIVA. É MUITO INTERESSANTE ESTAR EM UM LUGAR TÃO GRANDE E COMPLETAMENTE VAZIO, PORQUE AS PESSOAS REALMENTE DESAPARECEM DO OUTRO LADO DO APOSENTO."
> — ANDY NICHOLSON, DIRETOR DE ARTE

O REFEITÓRIO DA AUDÁCIA

Embora o trabalho da pós-produção fosse criar a ilusão de que o refeitório ficava no Fosso da Audácia, as cenas que aconteciam lá eram na verdade filmadas em uma locação completamente diferente. "Analisamos diversas opções antes de encontrar algo que não fosse grande ou pequeno demais para trabalhar", relembra Andy Nicholson. "Nosso critério de escolha da locação foi a luz fantástica que vinha do teto, além de ser um ótimo ambiente de dois andares. Era grande o bastante para conter umas duzentas pessoas, eu acho, sem ser enorme. E ainda havia locais onde se podia entrar saindo da escuridão total. Era como sair de uma caverna para uma área iluminada. Foi o que nos inspirou."

O gerente de locação, James McAllister, acrescenta: "Era um antigo clube esportivo da virada do século que tinha uma piscina interna com raias, abandonada há muito tempo. Quando visitamos o local, o telhado estava coberto de neve e havia um vazamento perto da claraboia, então foi necessário fazer alguns reparos. Mas, obviamente, na semana de filmagem tivemos a pior tempestade dos últimos três anos. Trabalhamos noite e dia para poder filmar no local e impedir a água de entrar."

Acima e à direita: O diretor, Neil Burger, discute uma cena com o elenco e a equipe de filmagem.

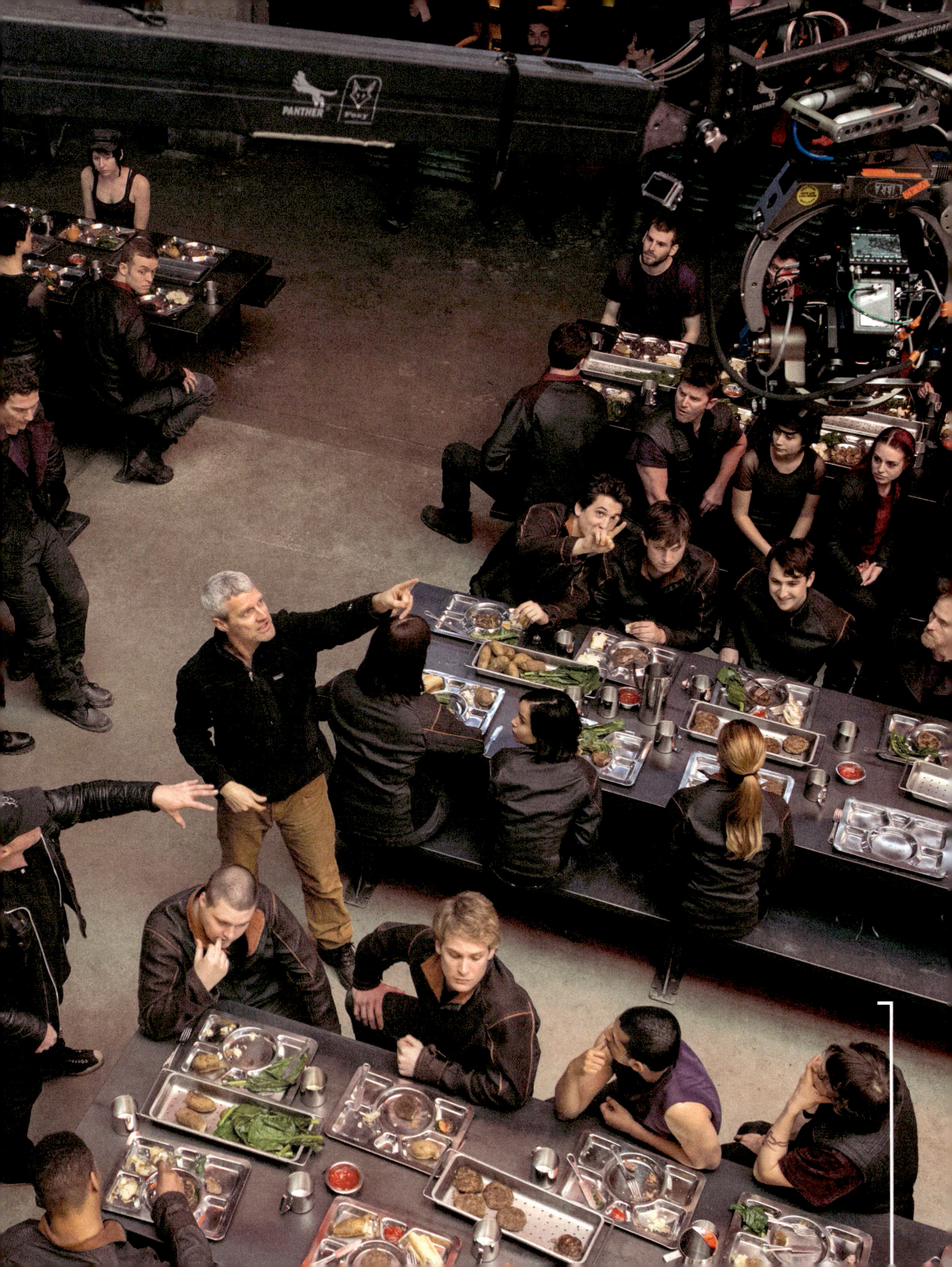
PANTHER

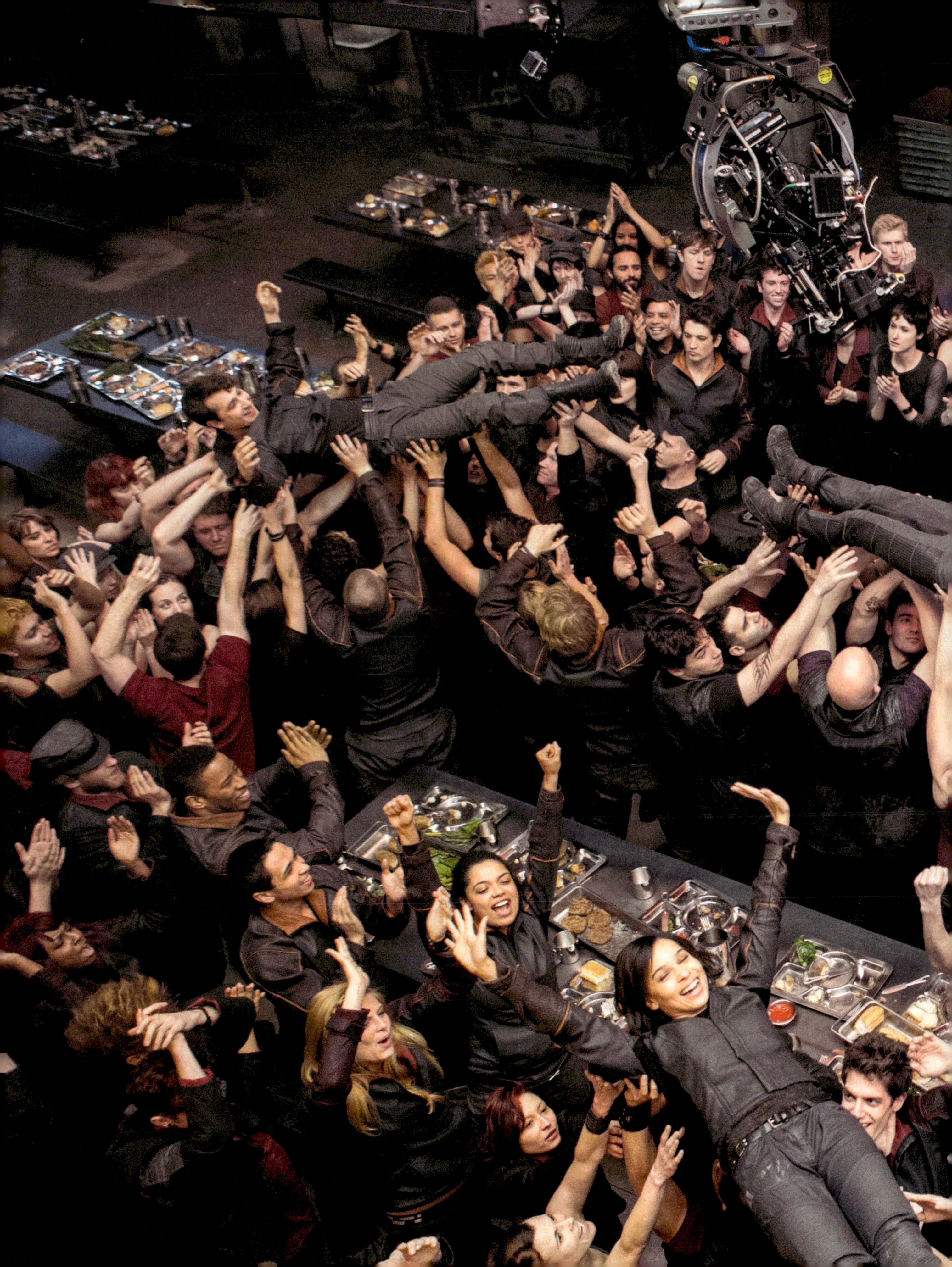

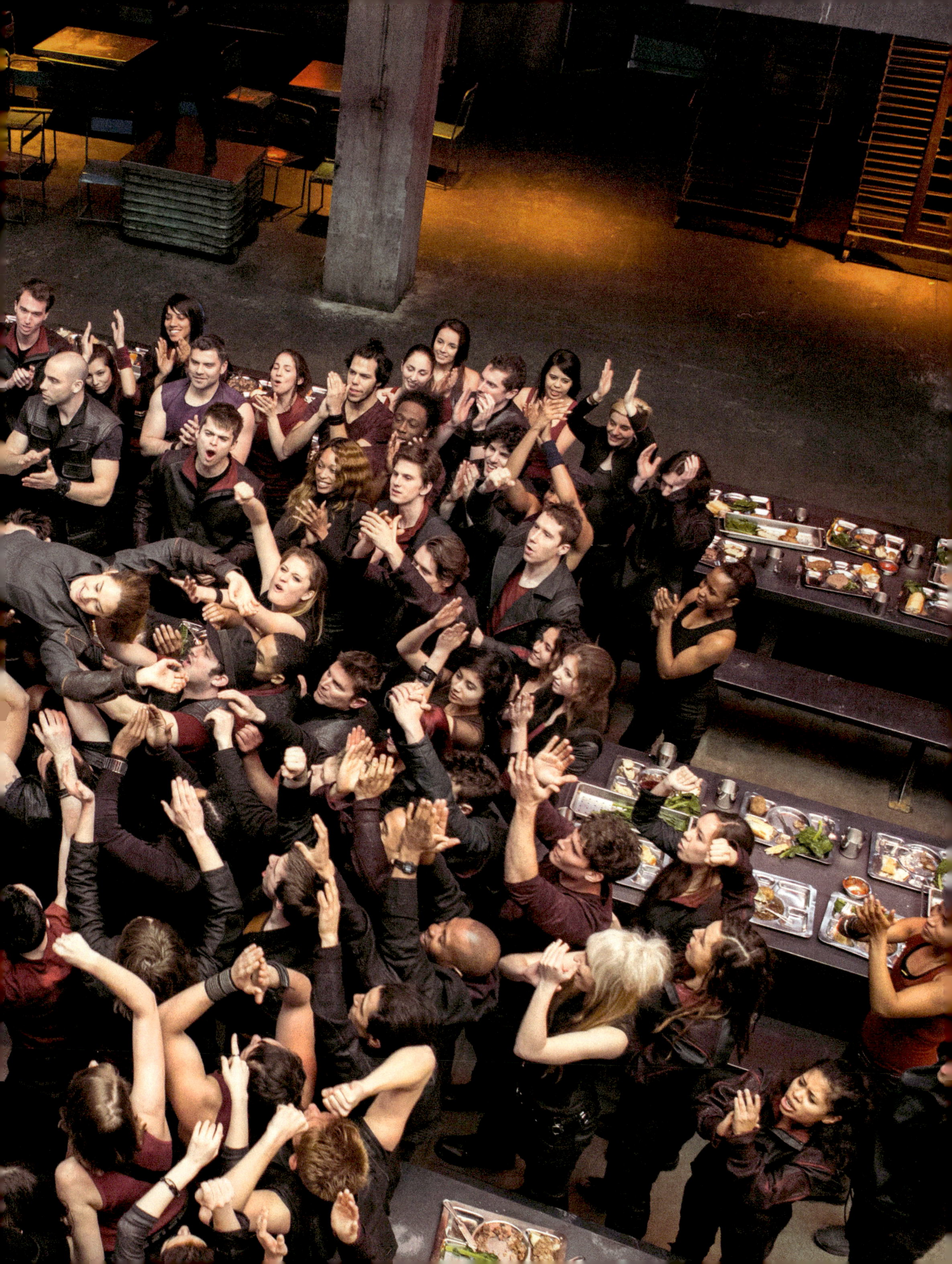

OS DORMITÓRIOS

Os iniciandos da Audácia vivem em um dormitório frio dentro do Fosso, com superfícies brilhantes e bastante espaço. Não há privacidade para os recém-chegados, nem mesmo nos banheiros.

"O dormitório dos transferidos é muito desconfortável, o que ajudou bastante", ressalta Amy Newbold. "É possível ter uma ideia muito clara do mundo da Audácia em cada cenário. Os dormitórios são bem minimalistas e têm apenas o necessário."

> "O MUNDO DA AUDÁCIA É MINIMALISTA, DURO, ESCURO E SOMBRIO."
> — AMY NEWBOLD (MOLLY)

À esquerda: O diretor de fotografia, Alwin Küchler, dá um close em Amy Newbold (Molly).

Acima: Colaborando para uma cena com Shailene Woodley (Tris): (da esquerda para a direita) o operador de steadicam, Dave Thompson; o diretor de fotografia, Alwin Küchler; o operador de câmera, Martin Schaer e o diretor, Neil Burger.

O APARTAMENTO DE QUATRO

Embora os iniciandos vivam no dormitório, quem já passou pelo processo de iniciação pode viver onde quiser. É no apartamento de Quatro que Tris e ele têm a oportunidade de ficar sozinhos pela primeira vez. Os leitores de *Divergente* estavam especialmente curiosos para ver como seria a casa dele.

"Quatro encontrou um lugar legal acima da superfície e o decorou de um jeito bem bacana", afirma Neil Burger. Andy Nicholson procurou por toda Chicago, porque, como ele mesmo conta, "queria encontrar um lugar um pouco industrial, mas não muito. Acabamos descobrindo um mezanino fantástico em cima de um estúdio de gravação, com uma janela de fora a fora em um dos lados cujo vidro decoramos também. Então arranjei alguns painéis de teto feitos de latão para usar como parede. Precisava ser confortável, romântico e bem a cara dele. Tinha que ser o mais diferente possível do dormitório."

Anne Kuljian ficou encarregada de decorar o apartamento. Ela deu a Quatro alguns itens aleatórios que ele poderia ter encontrado na cidade. Ela explica: "Os membros da Audácia gostam de

> "QUATRO ENCONTROU UM LUGAR LEGAL ACIMA DA SUPERFÍCIE E O DECOROU DE UM JEITO BEM BACANA."
> — NEIL BURGER, DIRETOR

coletar objetos do passado e combiná-los com outros. A decoração deles é muito eclética, e suas cores são bem mais vivas."

"Os membros dessa facção são tão bons coletores quanto lutadores. Eles ficaram com as melhores relíquias, os móveis, abajures ou outros tipos de objeto, e as combinaram para decorar seu mundo", completa Neil Burger.

À esquerda: Quatro (Theo James) em seu apartamento.

Acima: Shailene Woodley (Tris) lê *Divergente* no cenário do apartamento de Quatro.

À direita: O apartamento de Quatro, longe dos dormitórios

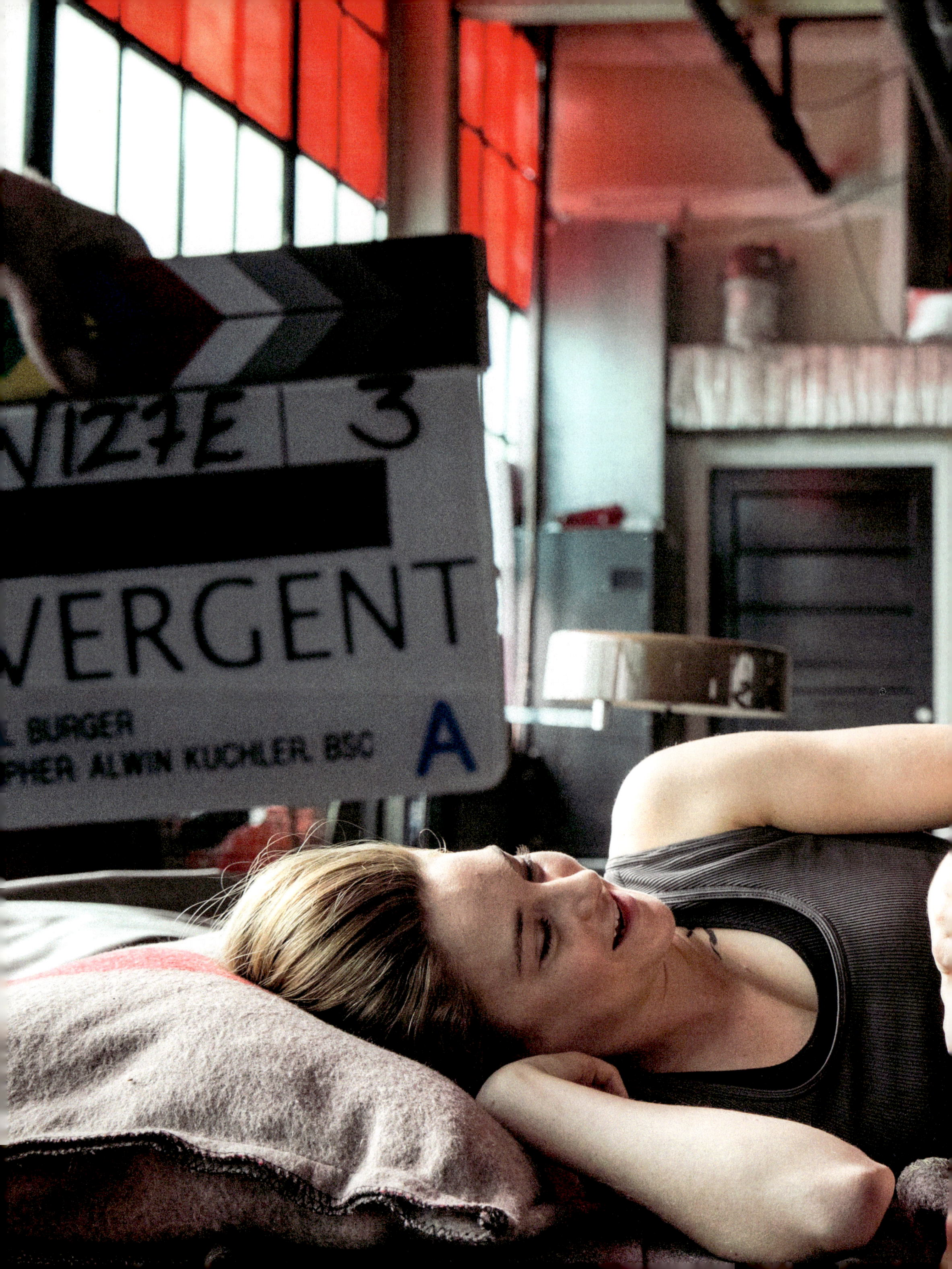
3
VERGENT
L. BURGER
PHER ALWIN KUCHLER BSC
A

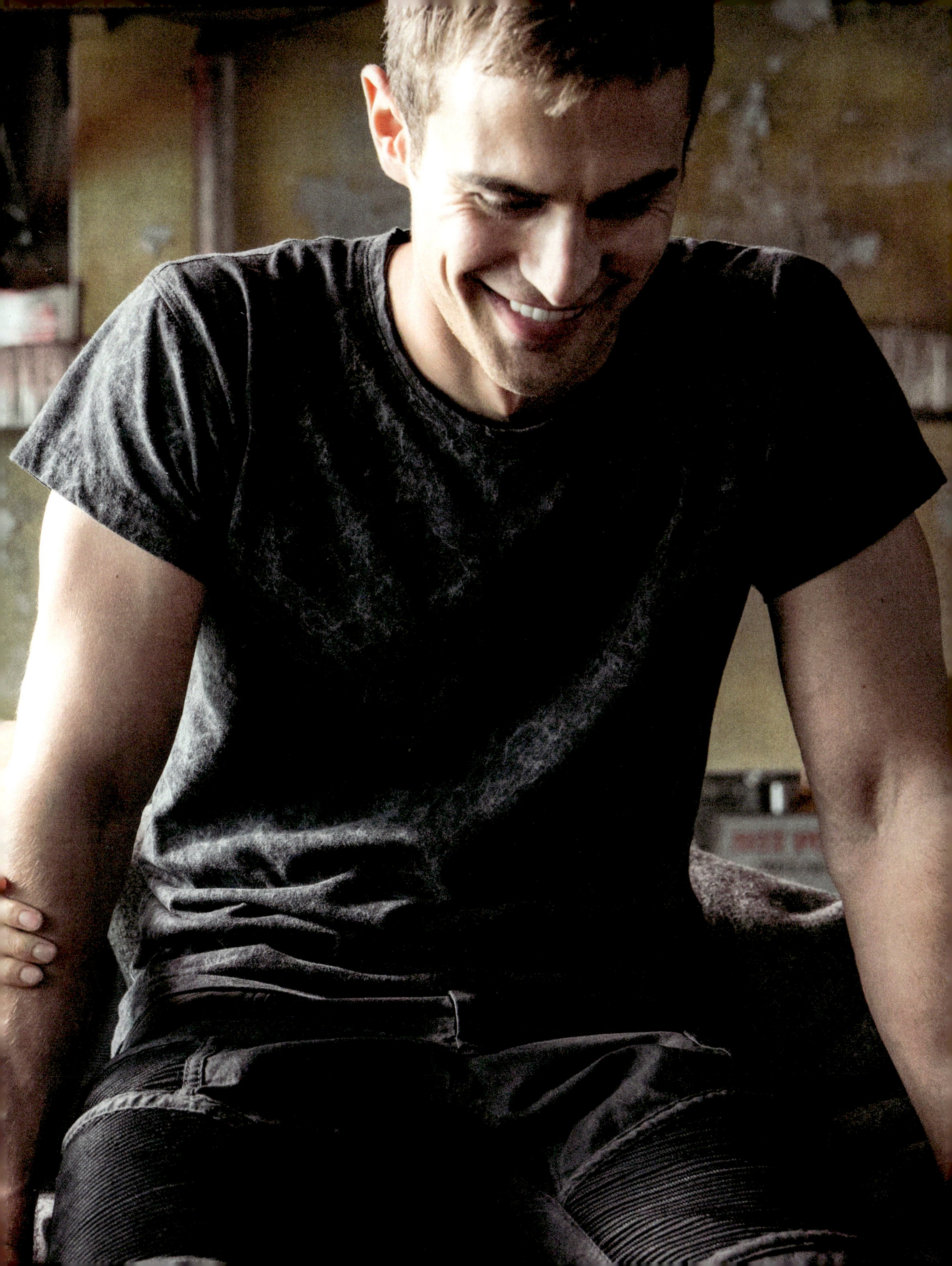

PAISAGENS DO MEDO

Como as cenas de simulação do medo têm um papel crucial no desenvolvimento dos personagens Tris e Quatro, Burger queria que elas se destacassem visualmente do restante do filme, mas sem exagerar a ponto de incomodar o espectador. Após testar algumas opções, ele decidiu filmar as cenas com lentes anamórficas que distorceriam levemente a imagem. Sempre que Tris está sob a influência de algum soro, seja durante o teste de aptidão ou na iniciação da Audácia, o público vê seu mundo através dessas lentes. O espectador não vai nem perceber o que tem de estranho na imagem logo de cara, só vai sentir que é diferente das demais.

Embora a sala de simulação da Audácia seja pequena e simples, é intensamente dramática. A imagem de uma única cadeira em um ambiente frio é impactante. Veronica Roth se recorda do impacto emocional de vê-la pela primeira vez: "É estranho, mas foi muito legal ver a sala de simulação. Isso é engraçado, já que é apenas uma sala com uma cadeira, um computador, uma seringa e só. Mas a cadeira tinha uma cor laranja horrível e um troço horripilante para prender a cabeça das pessoas. E a seringa parecia um instrumento de tortura elaborado, era aterradora. Eu percebi que todos os pequenos detalhes formavam um conjunto que tornava a situação tão tensa para os espectadores quanto para a pessoa sentada na cadeira."

Além disso, Andy Nicholson desenvolveu as cenas de simulação de forma que cada uma se

Acima: Tris (Shailene Woodley) e Quatro (Theo James) durante a simulação do medo.

À direita: Tris (Shailene Woodley) e Quatro (Theo James) encenam um dos medos dela: intimidade com Quatro.

passasse em um espaço menor e mais restrito, até o espaço se abrir subitamente na última cena, na paisagem de medo, que teria um cenário bem maior do que as outras. "Era o único jeito de representar visualmente aquela ideia em um filme: criar uma progressão tão chocante que desse significado às cenas."

A sala na qual os personagens esperam antes de entrar na simulação do medo é pequena e comprida, iluminada por igual. A da simulação em si é apenas um pouco maior e tem alguns detalhes estranhos, como portas de correr nas quais o espectador não repara até Tris atravessá-las. Ela caminha por um corredor estreito que se alarga e se abre para as paisagens do medo, em um aposento maior, onde enfrentará corvos, um tanque de água, a ameaça de ser queimada viva, a possibilidade de fazer sexo com Quatro e a horrível tarefa de matar a própria família.

A paisagem do medo foi filmada em uma locação no Navy Pier de Chicago, que se estende por cerca de um quilômetro sobre o lago Michigan. Debaixo de um domo amplo com cerca de vinte metros, há uma cadeira solitária para Tris se acomodar antes de a simulação começar. O público será capaz de sentir seu desconforto a partir do momento em que ela vê o gigantesco espaço, à espera do início da simulação.

> "É ESTRANHO, MAS FOI MUITO LEGAL VER A SALA DE SIMULAÇÃO."
> — Veronica Roth, Autora

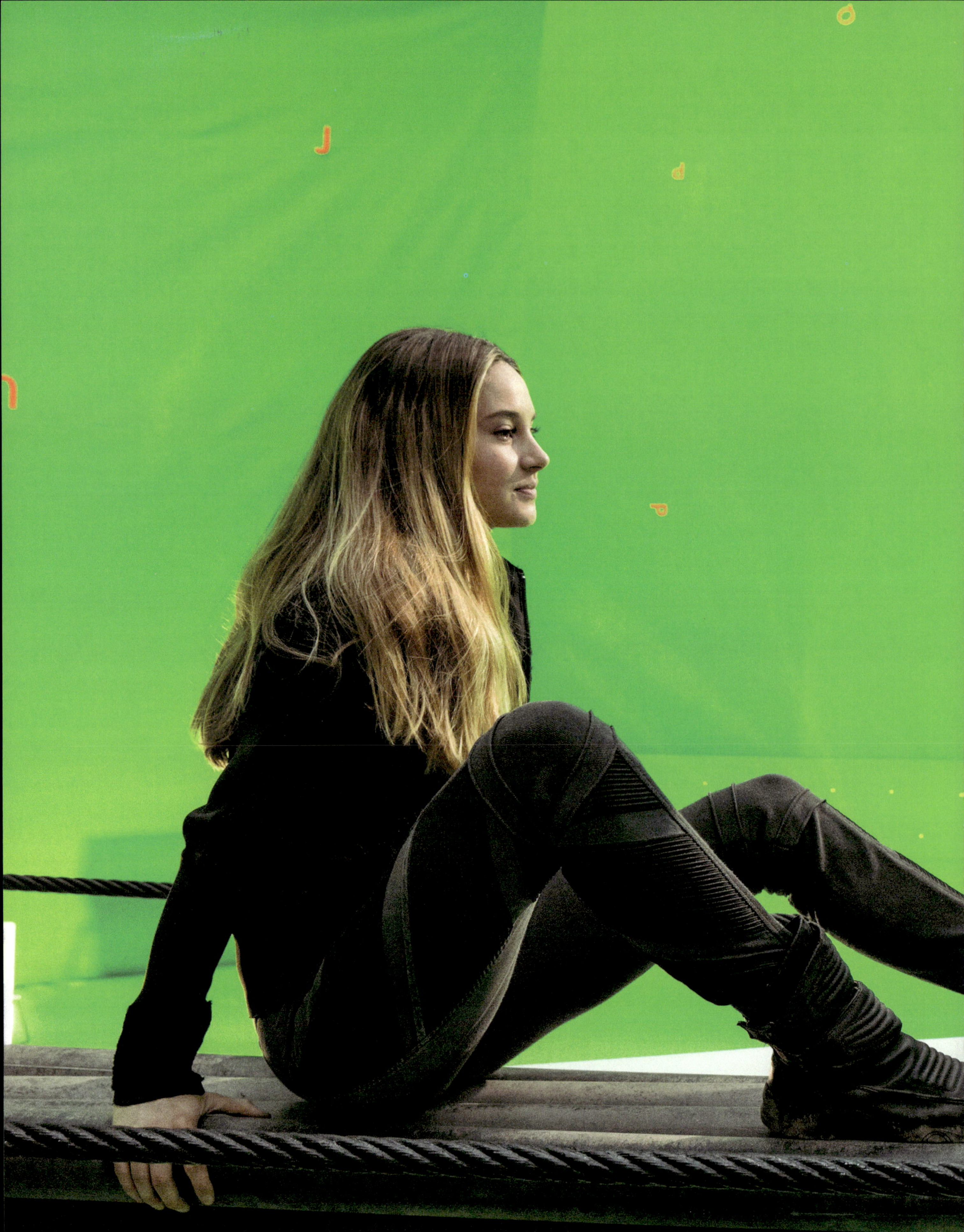

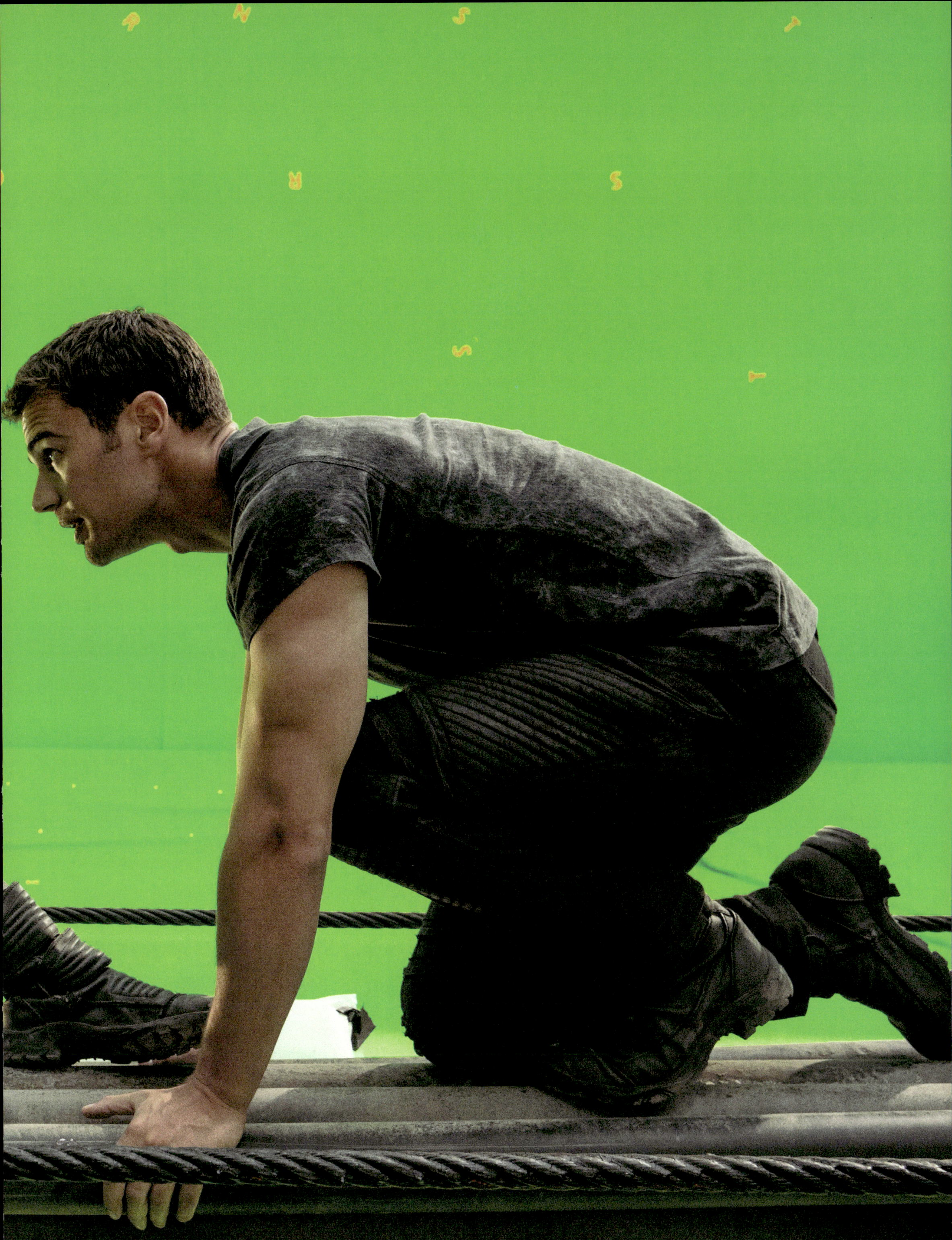

A CERCA

No romance de Veronica Roth, Andy Nicholson explica: "Você não tem certeza se a cerca ao redor da cidade serve para manter pessoas do lado de dentro ou do lado de fora. Você sabe que ela está lá, mas desconhece seu tamanho ou sua função."

Para o filme, Nicholson optou por dar à cerca uma aparência mais marcante. "Escolhi como referência uma torre de controle russa", revela, "o que gerou muitos comentários. Aquilo virou a base para algo tão importante que acabamos criando um problema para nós mesmos." A questão era: onde encontrariam um muro com aquelas proporções na vida real?

O produtor executivo John Kelly conta como chegaram à locação certa: "No livro, há uma cena em que os iniciandos da Audácia vão até a cerca e a escalam para ver o que há além das muralhas da cidade. Eu pensei em construir uma parede de cinco metros de altura, algo como um grande muro de cimento. Mas Neil disse que não, que precisávamos encontrar um muro grande já pronto. Ok. O problema é que não havia um muro de dez metros em Chicago." No entanto, o gerente de locação, McAllister, conseguiu encontrar um muro de concreto — dentro da cidade — com mais de quarenta metros de extensão. Kelly continua: "Então fomos até lá, e a locação era parte de uma velha fábrica de aço, onde ficavam os materiais que seriam usados para a produção. O muro tinha cerca de dez metros de altura e uns cinco de espessura, era a base perfeita para nossa cidade murada."

> "VOCÊ NÃO TEM CERTEZA SE A CERCA AO REDOR DA CIDADE SERVE PARA MANTER PESSOAS DO LADO DE DENTRO OU DO LADO DE FORA."
> — ANDY NICHOLSON, DIRETOR DE ARTE

À esquerda: Membros da Audácia patrulham a muralha.

Abaixo: Iniciandos da Audácia chegam ao muro.

OS TRENS

> Uma tela verde é posicionada nos trilhos do trem para filmagens com efeitos visuais.
>
> **Na página seguinte:** A equipe filma uma cena no trem com Theo James (Quatro) e Shailene Woodley (Tris).

Como havia poucos carros na Chicago imaginária de *Divergente*, os trens eram o principal meio de transporte. Eles levam os personagens de um setor para outro, circulando pela cidade sem nunca parar.

Quando a equipe começou a discutir como seriam as cenas dos trens, os produtores planejavam criar um trem que pudesse andar pelos trilhos e pela estrutura férrea de Chicago. No entanto, perceberam a quantidade de problemas que aquilo traria, e optaram por construir os próprios trens e segmentos de trilho. Os vagões foram construídos sobre chassis de ônibus, para ser mais fácil transportá-los de um lugar a outro.

Além disso, também construíram um pequeno pedaço da estrutura elevada, para os momentos em que os membros da Audácia precisariam escalar a fim de esperar pelo trem. "Colocamos nossos trilhos em um cânion, então conseguimos representar um pouco do ambiente da cidade real ao redor", explica o gerente de locação.

As cenas nos trens foram filmadas em partes e tratadas com efeitos visuais. (Efeitos especiais são floreios, como luzes e fumaça, feitos em cena e filmados pela câmera. Efeitos visuais são adicionados depois da filmagem. Normalmente há um espaço vazio no filme, indicado por uma tela verde, que aponta que algo será acrescentado por computadores mais tarde.) O diretor de efeitos visuais, Greg Baxter, explica o processo: "A primeira cena nos trens, quando Tris sai da Cerimônia de Escolha e corre com os membros da Audácia, entra num vagão em direção ao complexo de sua nova facção e salta... Essa sequência provavelmente recebeu o tratamento de efeitos visuais mais dispendioso. Tivemos que filmar em seis lugares diferentes. Nosso trabalho foi juntar todas as imagens para que o público não percebesse que primeiro era uma locação, depois um set, depois um cenário e de novo o nosso estacionamento."

Embora não filmassem em estações de trem reais, os atores de fato pulavam no trem e depois saltavam dele, e todos se esforçaram muito para se preparar para essas sequências.

Neil Burger planejou essas cenas com muito cuidado. Ele recorda: "Eu pensava em como queria a cena, mais ou menos, e fazia alguns rascunhos muito simples para ilustrar. 'Esse aqui é de alguém segurando uma maçaneta, correndo para longe de nós'; 'Esses pés aqui estão correndo para longe de nós. Todas as cenas foram rascunhadas em storyboards muito simples. Depois fui trabalhar com um cara que os desenhou de um jeito mais dinâmico, e os transformamos em uma pré-visualização, que basicamente se parece com um videogame ou algo do tipo. Ela nos permite visualizar onde ficarão as telas verdes, quais partes precisarão de efeitos visuais e quais podem ser filmadas, o que precisa ser construído e o que não precisa. Dessa forma, podemos ser mais eficientes durante a filmagem. Sabemos que nosso ângulo do trem é da frente para trás, que precisaremos de uma tela verde atrás do trem, para colocar as imagens da cidade; às vezes, estaremos enquadrando apenas o trem, então não vamos precisar dos efeitos. Era importante saber como filmaríamos, como contaríamos a história e que ferramentas usaríamos."

> "ESSA SEQUÊNCIA PROVAVELMENTE RECEBEU O TRATAMENTO DE EFEITOS VISUAIS MAIS DISPENDIOSO. TIVEMOS QUE FILMAR EM SEIS LUGARES DIFERENTES."
> — GREG BAXTER, DIRETOR DE EFEITOS VISUAIS

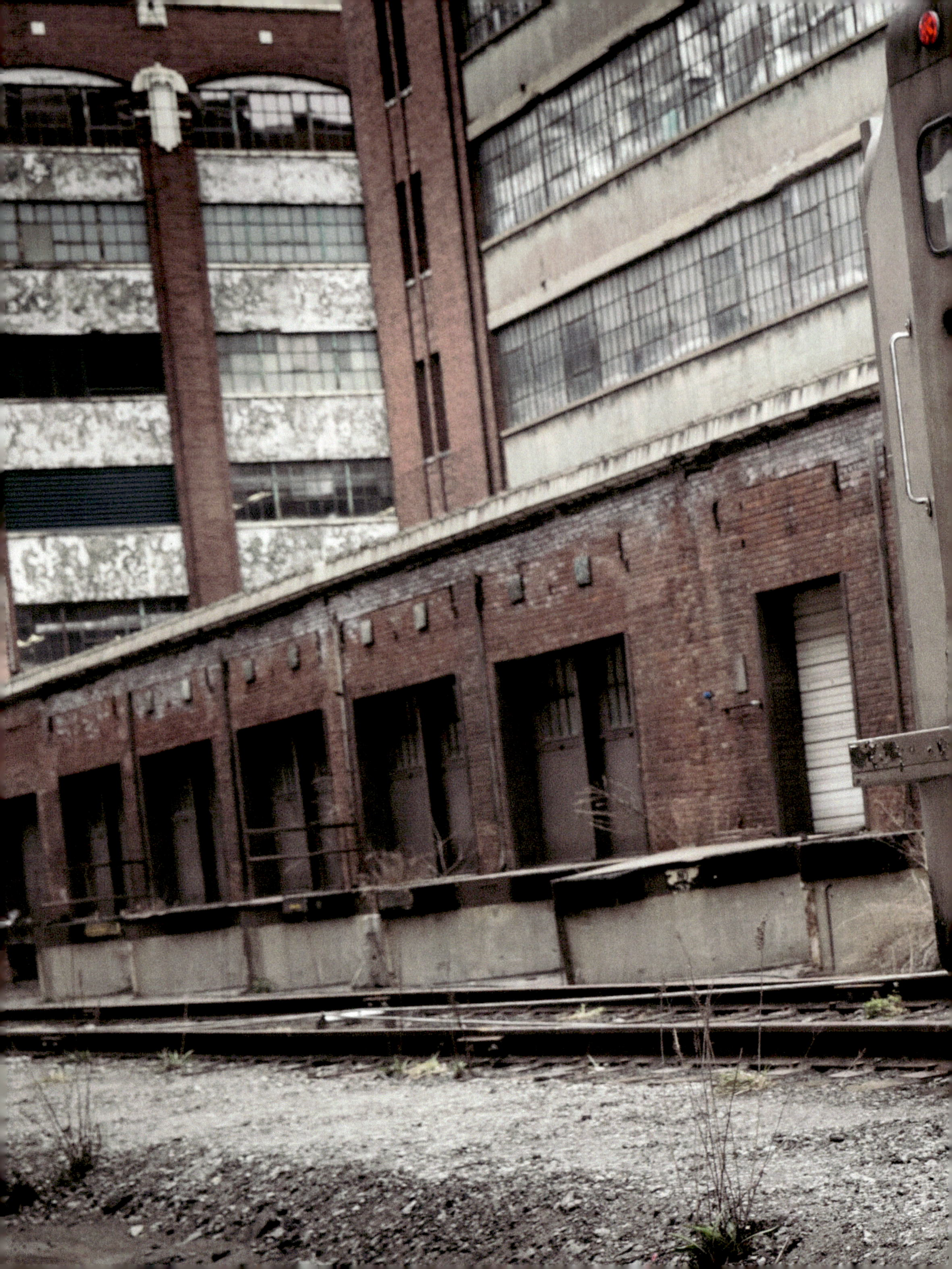

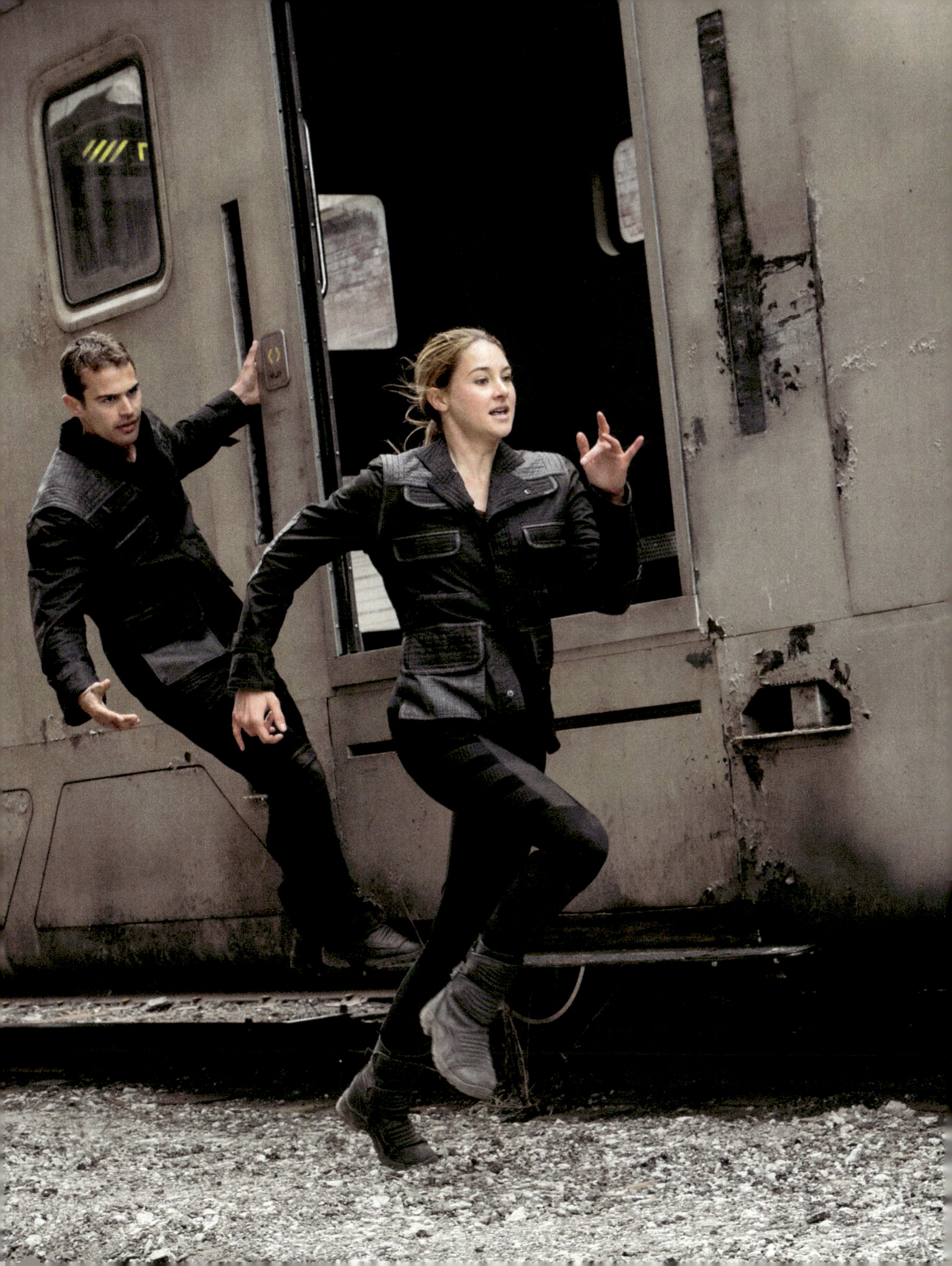

DAUNTLESS
DIVERGENT 2013

CANDOR
BACKGROUND
"DIVERGENT" 2013

DAUNTLESS 2
FINALE
DIVERGENT 2012

UM VISUAL PARA CADA FACÇÃO: FIGURINOS E MAQUIAGEM

O FIGURINISTA TRABALHA DE ROMA

"O desafio de entender um mundo futurista é compreender o quão futurista você quer que ele seja", explica Poggioli. "Neil me explicou desde o princípio que esse futuro não estava tão distante dos dias atuais. Eu precisava manter as roupas futuristas arraigadas na atualidade, para que o público pudesse se identificar com o figurino." Poggioli tinha bastante experiência com filmes

O tom futurista do filme e as principais características de cada facção também precisavam ser expressos por meio dos figurinos e da maquiagem. Normalmente, trabalha-se muito na criação de um visual único para cada personagem, porém em *Divergente* o foco era desenvolver um visual que funcionasse para grupos de personagens – as facções – mas que, ao mesmo tempo, permitisse algumas variações entre os membros de cada grupo.

O figurinista Carlo Poggioli foi encarregado de definir o visual de cada facção em um prazo muito curto. Ele foi contratado para trabalhar no filme em janeiro de 2013, e as filmagens começariam três meses depois, em Chicago. Nesse prazo, ele precisava criar a aparência de cada facção e coordenar a manufatura de um grande número de figurinos.

À esquerda: O figurinista Carlo Poggioli.

Acima: Um protótipo de roupa da Amizade.

históricos, já tendo trabalhado em *O paciente inglês*, *Cold Mountain* e até mesmo em *Abraham Lincoln: caçador de vampiros*. Seu projeto mais recente fora o filme de Terry Gilliam, *O Teorema Zero*, mas o figurinista tinha pouca experiência com ficção científica e nunca tivera a chance de criar um mundo completamente novo por meio dos figurinos. "Foi o primeiro filme em que cuidei de tudo, das roupas aos acessórios, até mesmo os sapatos", ressalta.

Poggioli começou com uma série de esboços com base nas breves descrições do livro de Veronica. Apesar de ter descrito as cores de cada facção, ela não falou sobre os estilos de roupa ou sobre como ficariam usadas por pessoas reais. Poggioli tinha a missão de transformar suas ideias em realidade. Depois de desenhar algumas sugestões, começou uma série de longas conversas por telefone com Burger e os produtores, diretamente de seu escritório em Roma.

> "O DESAFIO DE ENTENDER UM MUNDO FUTURISTA É COMPREENDER O QUÃO FUTURISTA VOCÊ QUER QUE ELE SEJA."
> — CARLO POGGIOLI, FIGURINISTA

Croquis das roupas da Amizade, feitos pelo figurinista Carlo Poggioli.

AS ROUPAS DA AUDÁCIA

Era crucial desenvolver logo o figurino da Audácia, já que a maioria dos personagens era dessa facção e muitas das cenas da Audácia seriam filmadas primeiro. "Não queríamos colocá-los em uniformes, como soldados", recorda Poggioli. "Neil me convenceu de que eles não eram uma sociedade militarizada." Em vez disso, Burger queria algo exuberante, jovem, legal, intenso e um pouco misterioso.

Assim como no livro, a cor básica seria o preto. É uma cor que pode transmitir desde um ar punk a um estilo sofisticado – muitos tipos diferentes de pessoas corajosas usam preto. E o preto também seria prático para personagens em constante movimento. Os figurinos eram fabricados com um tecido especial, que Poggioli desenvolveu unicamente para os membros da Audácia. Flexível como roupas esportivas, mas não feito de Lycra, e com uma aparência reciclada, como muitas coisas no mundo de *Divergente*. Todos os tecidos das roupas da Audácia foram testados a fim de que servissem para as cenas de ação, e alguns dos atores receberam roupas com reforços de tecido flexível para permitir mais movimentação.

Acima: Croqui do uniforme de Tris e algumas amostras de tecido.

Centro: Protótipo de um dos uniformes da Audácia desenhados para Tris.

À direita: Croqui colorido de uniformes femininos da Audácia.

DAUNTLESS ③

Para diferenciar os grupos dentro de cada facção, Poggioli introduziu outras cores que acentuariam o preto. Transferidos, por exemplo, têm componentes laranja, enquanto os nascidos na Audácia, vermelhos. Os treinadores, por sua vez, receberam componentes roxos. As cores servem de referência para indicar a posição de cada personagem na hierarquia.

Poggioli recorda o que veio a seguir: "Fiz os protótipos em Roma, onde moro, e os levei a oficinas que conheço na Hungria e na Romênia, pois precisávamos fazer milhares de figurinos. Começamos no dia 13 de fevereiro e enviamos o primeiro carregamento em março. Em um mês eles fizeram todas as roupas da Audácia e da Abnegação, foi simplesmente inacreditável."

À esquerda: Protótipo de um uniforme masculino da Audácia.

Uniformes da Audácia em diversas versões com sutis diferenças.

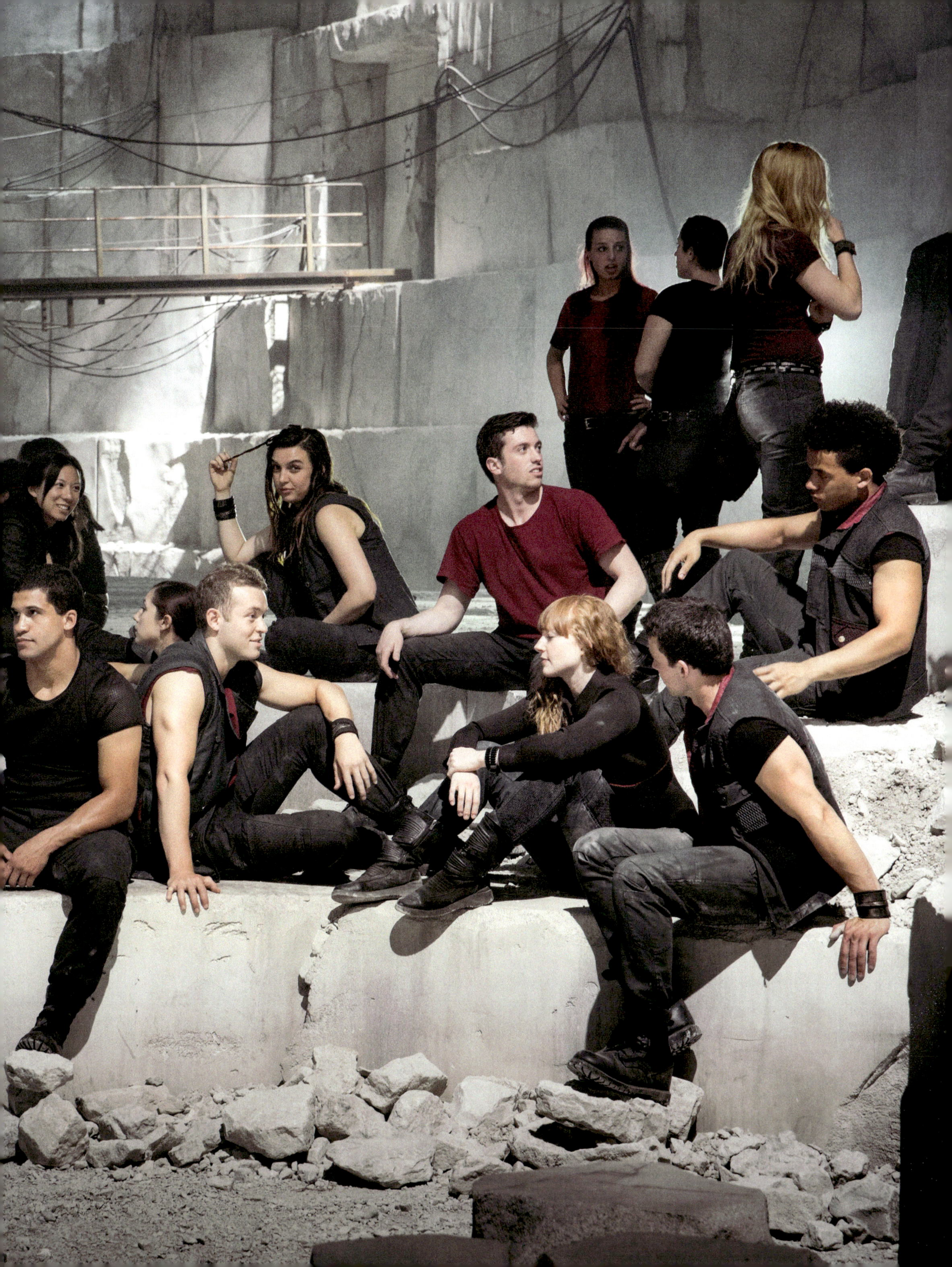

A SIMPLICIDADE DA ABNEGAÇÃO

As roupas da Abnegação eram completamente diferentes, feitas com tecidos naturais e formas simples. "Não tinham muita cor", explica Poggioli. "A maior parte era cinza, porque eles não ligam para a vaidade. E têm um corte mais rudimentar também... As roupas da Abnegação se parecem um pouco com sacos." Para muitos personagens, o figurinista misturou tecidos leves, como o linho, com outros mais pesados, como a lã.

> "OS FIGURINOS NÃO SÃO APENAS ROUPAS QUE OS PERSONAGENS USAM, SÃO QUASE OS PRÓPRIOS PERSONAGENS. ELES AJUDAM A CONTAR A HISTÓRIA DE UM MODO VISUAL."
> — SHAILENE WOODLEY (TRIS)

Uma vez que a Abnegação valoriza a modéstia, suas roupas são mais recatadas. Tris tem menos pele à mostra no começo do filme, como os outros membros da facção (embora observe a Audácia com curiosidade, na escola). "Quando ela entra na Audácia", afirma Poggioli, "começamos a descobrir seu corpo. Começamos a ver um pouco da pele." Seus últimos figurinos mostram uma preocupação com o corpo e uma evolução no estilo. Desse jeito, os figurinos ajudam a contar a história, mas sem palavras. Shailene Woodley reafirma essa ideia: "Os figurinos não são apenas roupas que os personagens usam, são quase os próprios personagens. Eles ajudam a contar a história de um modo visual."

Acima: Esboço de figurinos da Abnegação.

À direita: Membros da Abnegação usando os tons de cinza da facção.

O figurinista Carlo Poggioli ajusta um figurino da Abnegação no set.

Abaixo: Croqui dos figurinos da Abnegação.

BEATRICE ①
ABNEGATION
"DIVERGENT" 2013

CALEB ①
ABNEGATION
"DIVERGENT"

⑬

Os croquis originais não são muito diferentes de como Tris (Shailene Woodley) e Caleb (Ansel Elgort) se vestem em *Divergente*.

O ASPECTO INTELIGENTE DA ERUDIÇÃO

A ideia básica para o figurino da Erudição veio do próprio Neil Burger: um jaleco de cientista com corte prático e muitos bolsos. "Foi um conceito muito complicado a princípio", recorda Poggioli, "porque pensei que ficaria muito parecido com uniformes. Mas ele estava certo, pois conseguimos variar bastante." As roupas da Erudição tinham tons de azul, que supostamente mantém a mente concentrada, e um corte mais funcional. Os jalecos também receberam variações para representar os diferentes grupos dentro da facção. Jalecos inspirados nos usados em laboratórios eram usados em áreas externas, por exemplo, e outros eram usados pelos técnicos da facção. "O de Kate Winslet é um pouco diferente, porque ela tem permissão para usar componentes verdes por baixo do azul. É quase igual aos outros, mas os detalhes são completamente distintos, como a parte de dentro do colarinho", revela Poggioli. Além disso, o comprimento do jaleco de Winslet serviu para esconder sua gravidez de cinco meses.

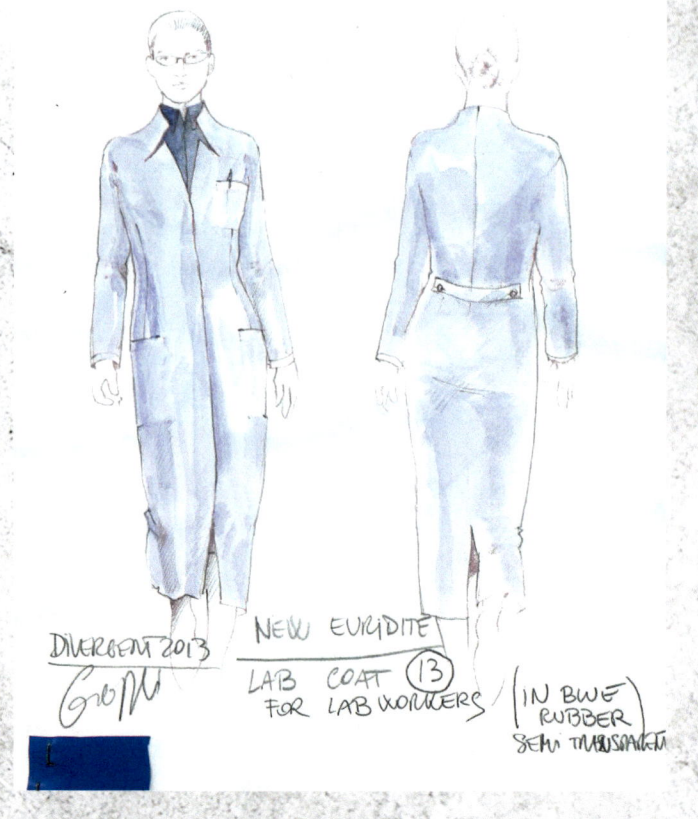

Nesta página: Croquis do figurino da Erudição com amostras de tecido.

Página ao lado:
Topo: Membros da Erudição caracterizados.

Abaixo à esquerda: Protótipo de uniforme masculino da Erudição.

Abaixo à direita: Caleb Prior (Ansel Elgort) vestindo seu uniforme da Erudição e Tris Prior (Shailene Woodley) caracterizada como membro da Audácia.

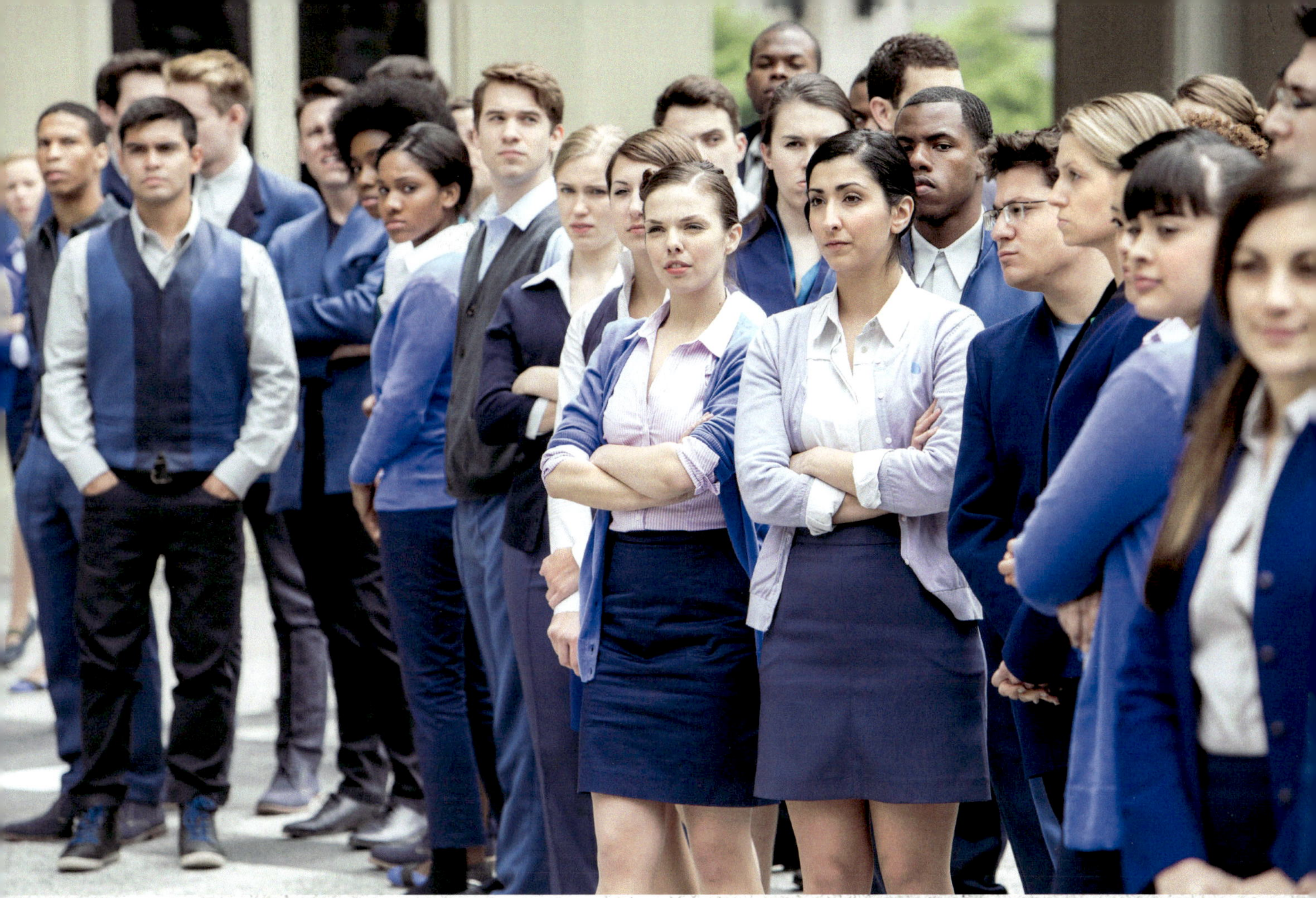

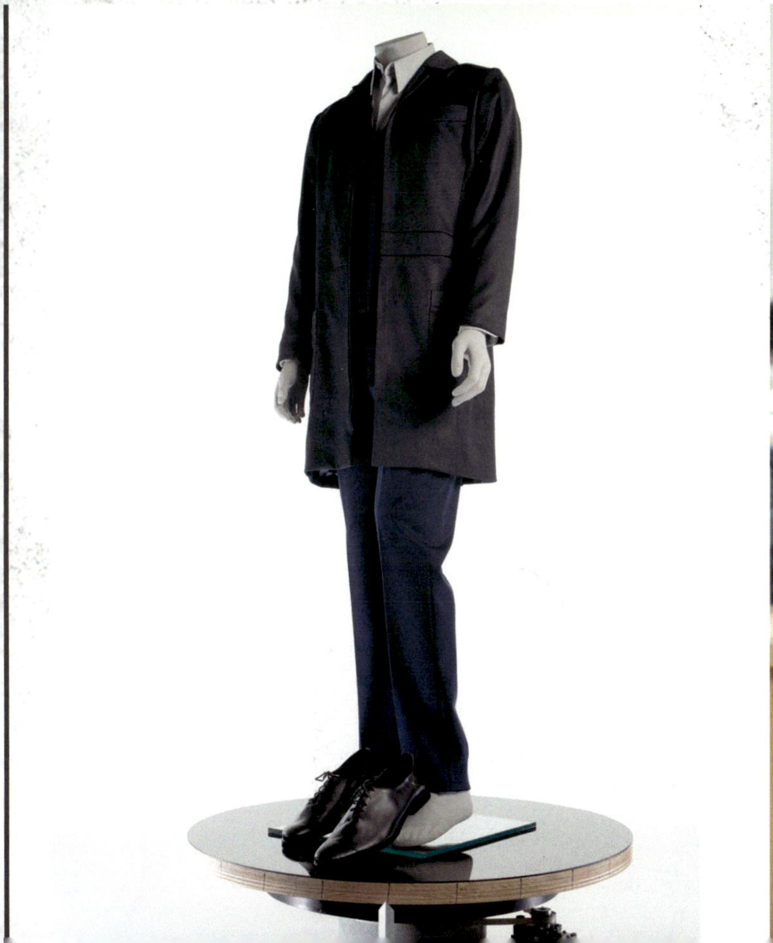

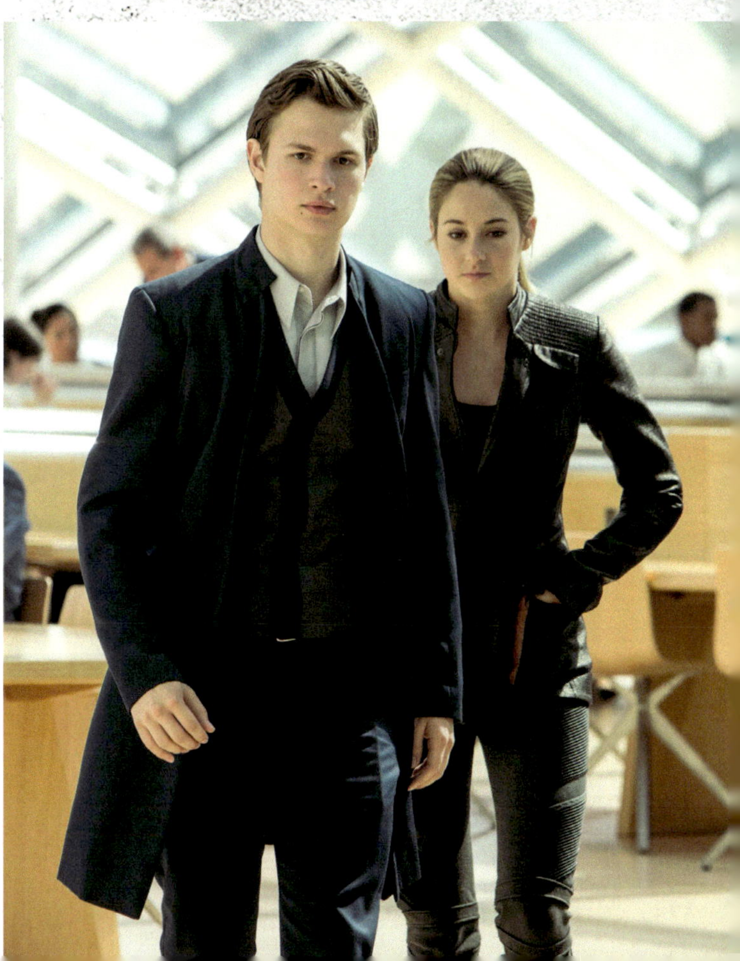

O CONTRASTE DA FRANQUEZA

Embora a **Franqueza** e a Amizade não apareçam muito no filme, o visual de seus membros foi planejado com bastante cuidado. "A Franqueza foi a mais difícil de vestir", desabafa Poggioli. "A ideia era vesti-los de preto e branco, porque é assim que está no livro, mas comecei com ideias completamente erradas. Eu pensava que a Franqueza era uma facção aberta... Estava pensando em tecidos transparentes, em reflexos de vários tons, talvez em uma nuance de marinho... Mas não funcionou, mesmo com cortes especiais para essa facção. Neil decidiu, por fim, que era melhor usar preto e branco." O foco nas roupas da Franqueza não é em nenhuma das duas cores, mas no contraste entre elas. Se um personagem usa um casaco branco, ele o combina com calças pretas. Se usa uma roupa branca, complementa com casaco preto. E, é claro, não se vê tons de cinza na Franqueza.

À esquerda, foto maior: Croquis dos uniformes da Franqueza.

Abaixo à esquerda: Christina (Zoë Kravitz) no uniforme da Franqueza baseado no protótipo à direita.

O VISUAL AMISTOSO DA AMIZADE

Os personagens da Amizade usam tecidos naturais – provavelmente das fibras que cultivam, como o algodão –, coloridos com corantes vegetais. E os sem-facção usam figurinos que dão indícios da antiga facção de cada um. Com suas cores desbotadas, são sombras do que costumavam ser. O visual desses grupos vai ganhar mais espaço e será mais bem trabalhado nos filmes seguintes.

À esquerda: Desenhos com amostras de tecidos e figurinos de crianças da Amizade.

Acima: Protótipo de um figurino da Amizade.

UM VISUAL PARA CADA FACÇÃO: FIGURINOS E MAQUIAGEM

Acima: Croquis da facção da Amizade.
Abaixo: No set de filmagens, jovens da Amizade caracterizados.

PRODUZIR OS FIGURINOS: UM EMPREENDIMENTO GIGANTESCO

Enquanto a maior parte dos vestuários era produzida em massa na Europa, Poggioli também contratou uma equipe de Chicago para criar os figurinos dos personagens principais e fazer ajustes para as cenas com grupos maiores. A maior cena do filme é a da Cerimônia de Escolha, que precisou de setecentos figurantes de todas as facções. Cada figurino foi feito à mão do outro lado do Atlântico e ajustado em Chicago, de acordo com as medidas de cada ator ou figurante. Depois, a equipe de Poggioli adicionou detalhes para distinguir, por exemplo, os adultos das crianças. Foi um empreendimento gigantesco.

Poggioli trabalhou com o diretor de arte, Andy Nicholson, porque, como ele mesmo explica: "Quando você pensa num figurino, precisa ter em mente onde ele vai aparecer. Para onde vai o personagem que você está criando? Se o figurino for usado em um local que não combina nem um pouco com as cores ou o tecido usados, então o erro é seu."

Os membros de cada facção são facilmente distinguidos pelas roupas.

À esquerda (foto menor): A autora, Veronica Roth, visita o departamento de figurinos, no set, com o supervisor de figurinos, Giovanni Lipari.

Abaixo à esquerda: O diretor de arte, Andy Nicholson, mostra seu trabalho para o diretor, Neil Burger.

Acima: Um retoque do gerente do departamento de maquiagem, Brad Wilder.

À direita: A equipe de maquiagem criou as tatuagens da Audácia.

TATUAGENS, PIERCINGS E FERRAMENTAS

Carlo Poggioli também trabalhou com Brad Wilder e Denise Paulson, do departamento de maquiagem. A Abnegação quase não usou maquiagem – imitou uma aparência natural –, enquanto a Erudição foi cuidadosamente arrumada e polida. Os membros dessa facção usavam sombra azul, delineador preto ou azul e esmaltes em diversos tons de azul. Nenhum dos homens da Erudição usava barba.

A maquiagem da Amizade foi inspirada na cultura hippie: cabelos armados para as mulheres, cabelos compridos e barba para os homens. A maquiagem tinha tons bonitos e delicados de rosa e pêssego, com sombras em tons de ferrugem e dourado. Os tons da Franqueza eram mais neutros, com sombras suaves em cinza e marrom, lábios em cores vivas e unhas sem esmalte.

Naturalmente, o visual da Audácia era o mais carregado e ousado, com sombras verdes ou pretas e muitos piercings. O gerente do departamento de maquiagem, Brad Wilder, inspirou-se ao passear em uma loja de ferramentas: percebeu que, no futuro, as joias seriam bastante diferentes. Além de piercings comuns, alguns personagens, como Eric, usam pinos (parafusos adaptados) cravados na pele. (Ou, na verdade, presos à pele por fita adesiva dupla face.) Para fazê-los, Wilder uniu porcas diferentes e substituíveis. A loja de ferramentas também inspirou os brincos de Maggie Q., no papel de Tori — são feitos de arruelas, parafusos e porcas unidos por arame —, e os brincos de Eric, criados a partir de porcas de compressão de borracha.

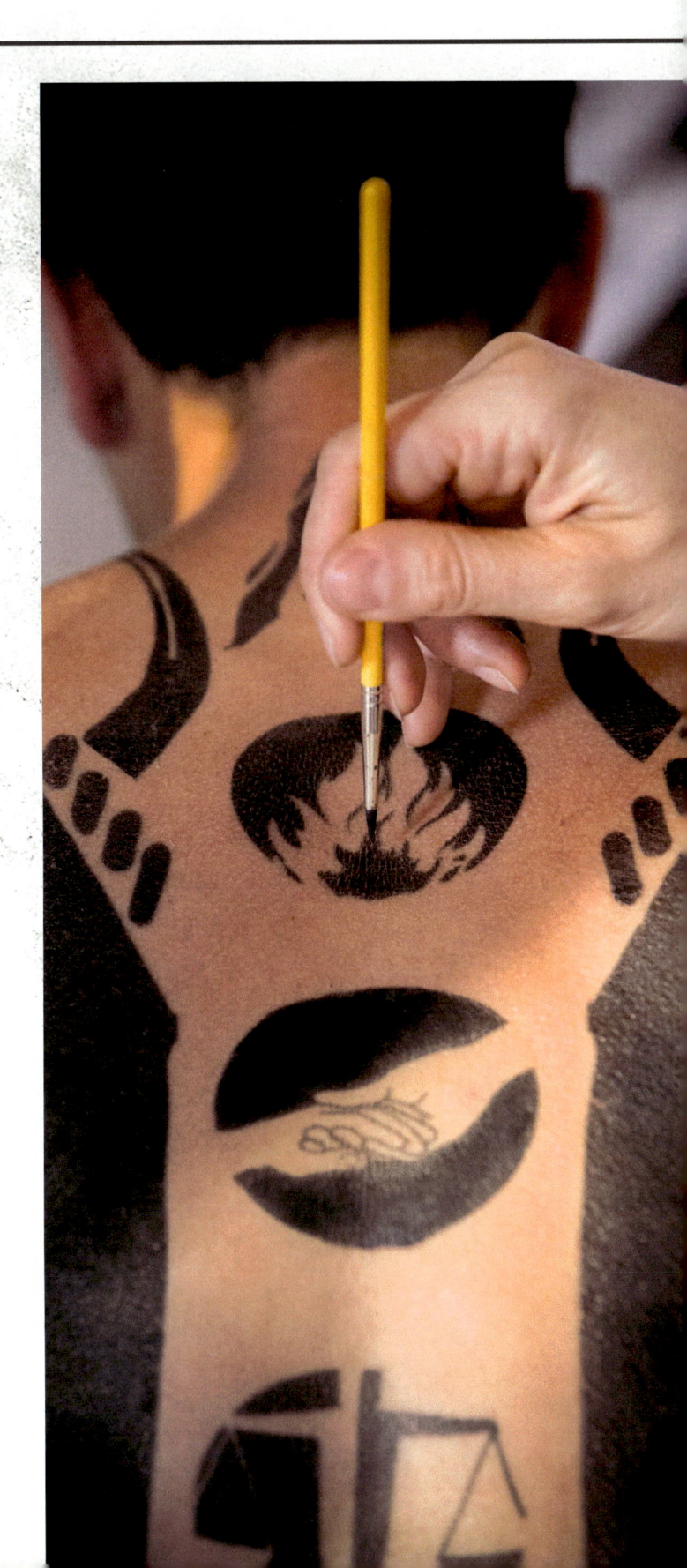

As tatuagens foram o último elemento do visual da Audácia. O diretor, Neil Burger, afirma: "Qualquer um usa tatuagens hoje em dia, por isso eu queria deixar as da Audácia um pouco diferentes. Foi então que tive a ideia de que elas seriam tatuagens de sangue, como se, de algum jeito, os pigmentos da própria pele formassem o desenho. Para fazer a tatuagem, aplica-se uma toxina na pele que libera os pigmentos, seja o roxo de um hematoma ou o vermelho do sangue, e eles desenvolveram uma técnica para provocar essa reação de modo controlado e criar um desenho."

Abaixo à esquerda: A famosa tatuagem de Tris (Shailene Woodley): os três pássaros.

Abaixo à direita: Eric (Jai Courtney), tatuado e com piercings.

Para as filmagens, as tatuagens de sangue – desde os símbolos da facção até os corvos no pescoço de Tris – foram criadas pelo departamento de arte, que depois as transformou em tatuagens temporárias que poderiam ser renovadas todos os dias.

Como os figurinos e a maquiagem, as tatuagens compõem os personagens sem usar palavras. Quando Tris tatua três pássaros para se lembrar dos três membros da família que deixou para trás, o público é lembrado dessa decisão o tempo inteiro, mesmo que Tris nunca mais toque no assunto. E, mesmo quando os espectadores têm um vislumbre da ponta da tatuagem no pescoço de Quatro, isso cria um mistério e sugere a pergunta: O que há ali? Os cineastas dão mais profundidade e dimensão à história a partir de cada um desses detalhes.

Fazendo as tatuagens de Theo James (Quatro). Da esquerda para a direita, o gerente do departamento de maquiagem, Brad Wilder, a maquiadora, Zsofia Otvos, e a maquiadora-chefe, Denise Paulson.

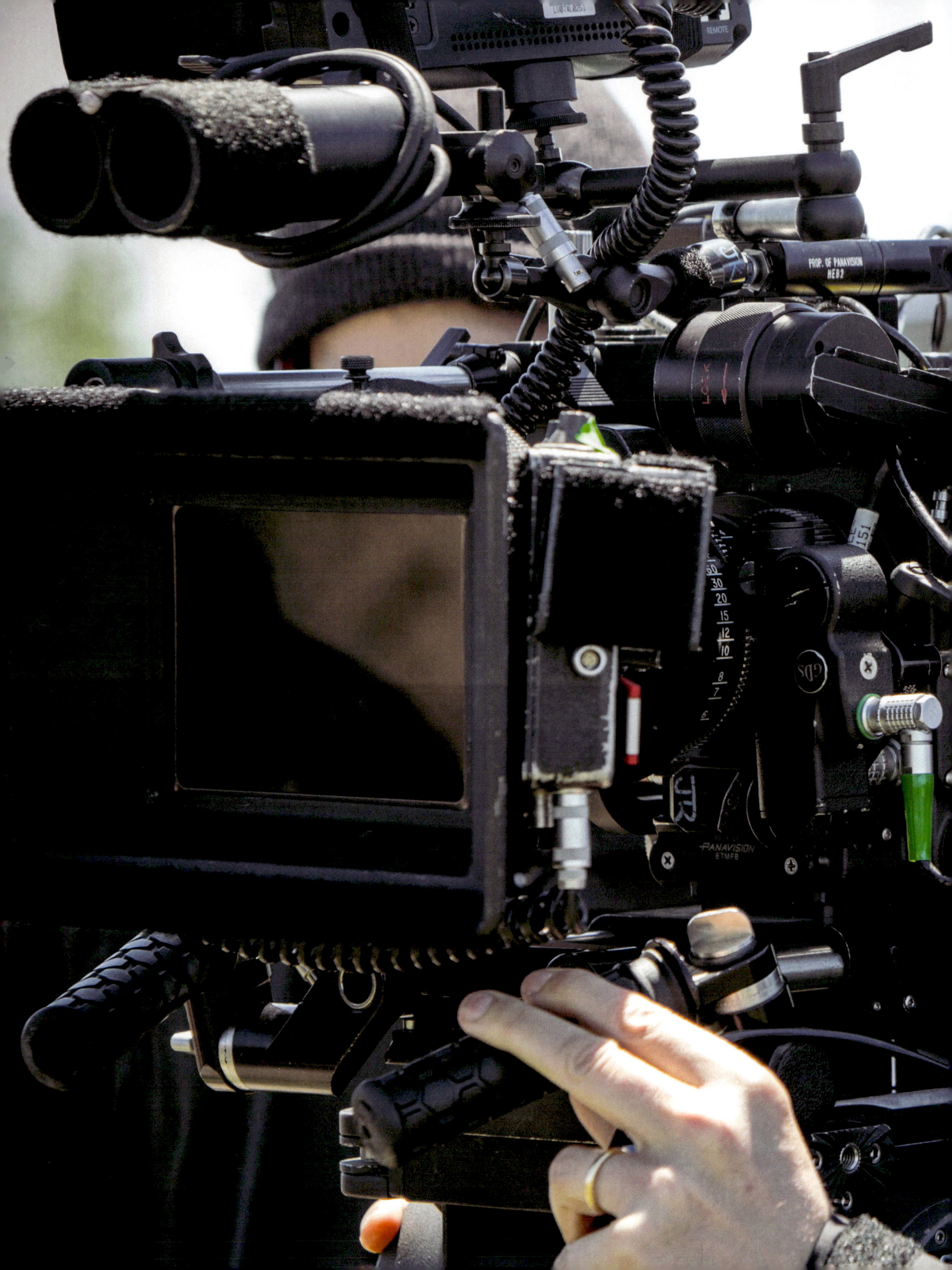

PROP. OF PANAVISION
PANAVISION

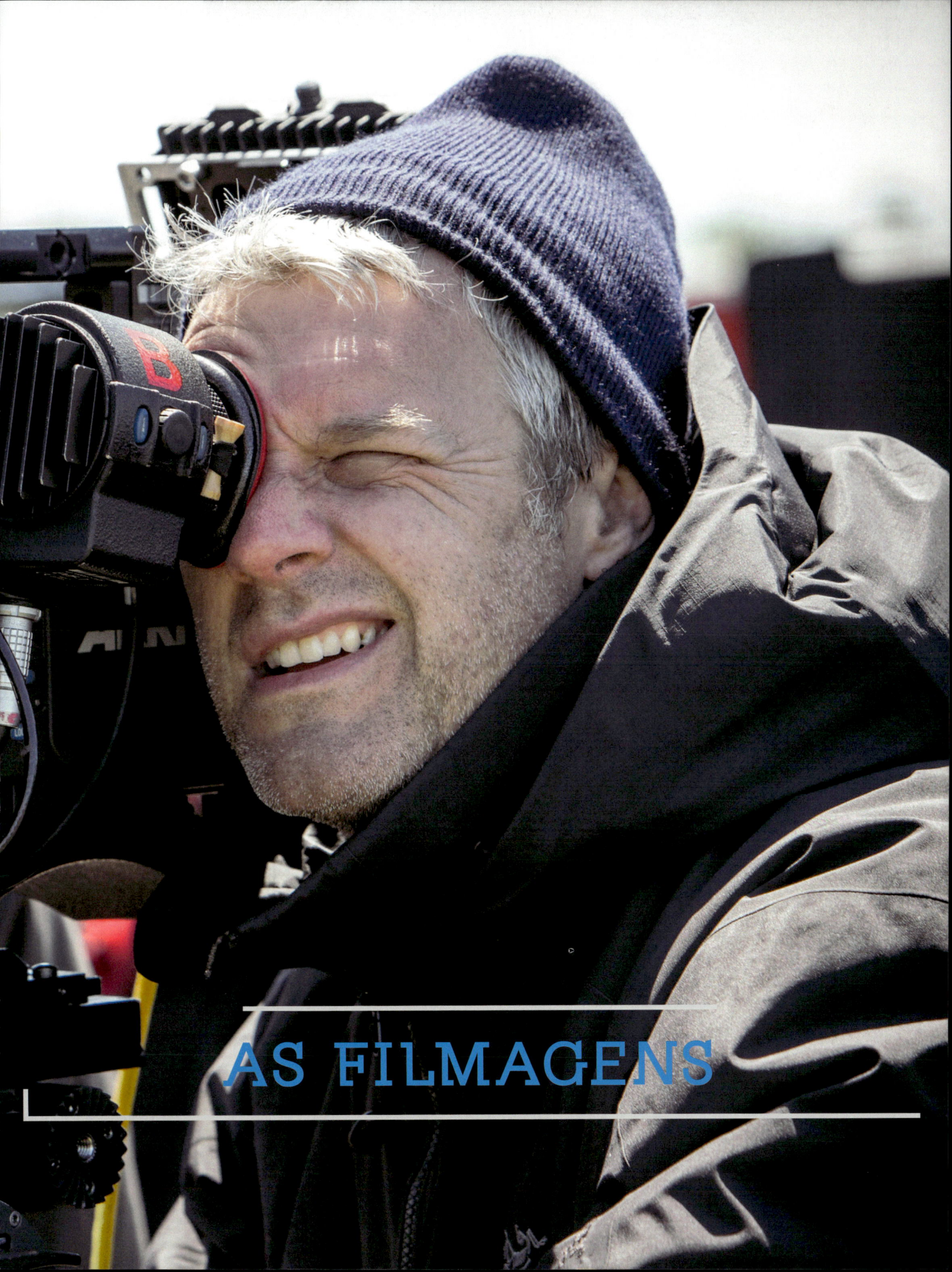

AS FILMAGENS

DIAS LONGOS

Acima: A autora, Veronica Roth, acompanha as gravações com a produtora Lucy Fisher.

À direita: O coordenador de cenas de ação, Garrett Warren, prende uma corda de segurança sob o figurino de Shailene Woodley (Tris).

A **produção do filme** começou no início de abril. Por mais de três meses, elenco e equipe atravessaram a cidade de Chicago, filmando cada cena de *Divergente*. Como em qualquer filme, as cenas não foram feitas em ordem cronológica, por isso seria difícil para alguém de fora ou uma pessoa qualquer na rua ter noção do desenvolvimento da história. No entanto, ao final de cada dia Neil Burger e sua equipe assistiam ao resultado das filmagens e percebiam que o filme estava ficando exatamente como eles queriam, até melhor.

Para Shailene Woodley, os dias eram excelentes, mas longos. A maior parte do elenco entrava e saía de cena, mas ela estava em todas elas. Foi uma carga horária pesada para a atriz, e ninguém a viu vacilar. O produtor executivo John Kelly conta: "Se precisássemos começar no início da semana, ela chegava às cinco e meia da manhã. Ela ia para o set, ensaiava com o restante do elenco, o diretor e a equipe e depois ia ser maquiada. Ela vestia o figurino e voltava. Iniciávamos a cena, filmávamos e começávamos tudo outra vez. Trabalhávamos até as seis ou sete da noite. Ela tirava a maquiagem lá pelas sete e meia e chegava em casa depois das oito da noite. E, às vezes, precisava estar de volta às seis da manhã para recomeçar. Normalmente, um ator filma uma cena e pode voltar para o trailer e tirar uma soneca, relaxar, recuperar as energias. Mas não era o caso de Shailene. Em alguns dias, como quando fizemos as cenas dos trens, ela corria de um lado para outro várias vezes. Deve ter corrido por volta de cem metros, umas quarenta vezes ao longo do dia, e ainda tinha que fazer as cenas e estar a postos, fazendo cada tomada como se fosse a primeira. Foi absolutamente fantástico o modo como lidou com isso e como tratava todo mundo."

Shailene não reclamava, já que o papel era a realização de um sonho. Não apenas porque sua personagem era a principal de um grande filme: ela também estava trabalhando com um grupo extraordinário de atores, alguns mundialmente famosos, e aprendia com eles a cada dia. Além disso, ela e Neil Burger tiveram uma relação de trabalho muito produtiva e trocavam ideias com honestidade. "Neil tem uma ideia muito visual do filme", afirma a atriz. "E eu estou acostumada a fazer filmes mais baseados na construção dos personagens, com um ponto de vista ligado aos sentimentos. Então é ótimo juntar essas duas partes. Ele dizia: 'Preciso que você faça uma cara confiante, você está falando sério.' E eu respondia: 'Não, Neil, ela é uma garota vulnerável, ela não se sente segura.' E conseguíamos ouvir um ao outro e chegar a um consenso."

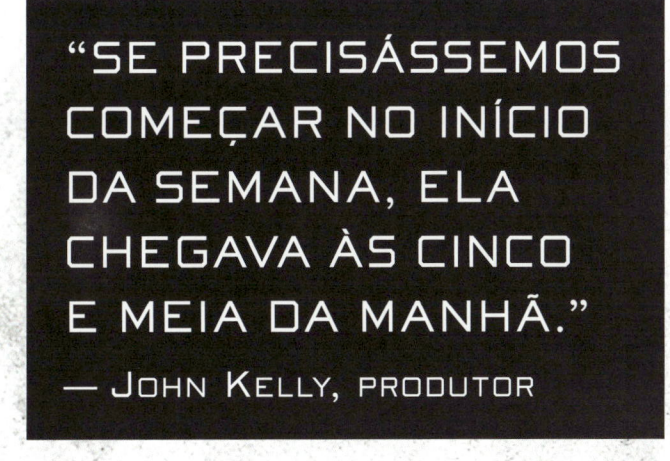

> "SE PRECISÁSSEMOS COMEÇAR NO INÍCIO DA SEMANA, ELA CHEGAVA ÀS CINCO E MEIA DA MANHÃ."
> — JOHN KELLY, PRODUTOR

As visitas de Veronica Roth mantinham os atores focados e animados, pois estavam interpretando as cenas que ela escrevera. Veronica, por sua vez, parecia se encantar com cada cena. "A maior parte do tempo eu estava atônita", confessa a escritora. "O processo de filmagem é muito repetitivo; para uma cena de dois minutos são feitas diversas tomadas de um ângulo, aí tudo é rearranjado e são feitas outras tomadas, de outro ângulo, então o processo pode levar horas. Acho que todo mundo pensava que eu fosse me cansar dessa repetição, mas não foi o que aconteceu. Sempre que ia ao set, ficava até o fim se pudesse, porque é completamente fascinante, surreal e maravilhoso testemunhar o mundo que você imaginou se tornar físico e ativo dessa forma. Eu me emocionei bastante vendo algumas cenas também. O dia da morte de um dos personagens importantes (não posso entrar em detalhes!) foi muito triste, porque Shailene Woodley foi maravilhosa e mergulhou fundo na interpretação. A cena foi visceral e intensa; me devastou completamente. Naquele dia, voltei para casa de trem, em vez de pegar carona, só para me recompor e ficar pensando sobre aquilo."

> "FOI UM CHOQUE QUANDO VIMOS A PRIMEIRA CENA DE LUTA PRONTA."
> — DOUG WICK, PRODUTOR

Embora os atores tivessem dado tudo de si durante o treinamento, a filmagem das lutas foi uma experiência bem diferente. "Foi um choque quando vimos a primeira cena de luta pronta", relembra o produtor Doug

Wick. "Neil filmou principalmente do ponto de vista de Shai, e a ideia de entrar no ringue com um cara muito maior que quer machucar você... vê-la enfrentá-lo daquele jeito tão real e depois se recuperar da experiência... foi impressionante."

As lutas foram difíceis para todos os atores, não apenas para Shailene. Zoë Kravitz descreve sua experiência da seguinte forma: "No treinamento, você começa e para... ensaiávamos algumas vezes e parávamos. Mas durante a filmagem você tem um tempo limitado para filmar a luta, e eu fiquei muito cansada! Foi ótimo, já que as cenas precisam transmitir um pouco de desespero."

Veronica Roth estava no set durante um dos dias de treinamento da Audácia, quando Tris e os outros aprendem a atirar. "Estávamos em um telhado bem sujo, e o vento levantava a poeira, então ficamos com o rosto coberto de fuligem, a sujeira entupindo todos os poros. Naquela noite, passei as mãos no cabelo e ele nem caiu de volta no meu rosto", conta Veronica. "Passei dias tirando sujeira das orelhas."

À esquerda: A autora Veronica Roth conversa com a produtora executiva, Rachel Shane, durante uma visita ao set.

Abaixo: Shailene Woodley (Tris) e Miles Teller (Peter) filmando uma cena de luta.

Shailene Woodley (Tris) e Theo James (Quatro) filmando uma cena de luta.

POSSO IMPROVISAR NOS GOLPES?

Com o passar dos dias, os atores começaram a ficar mais à vontade e confiantes uns com os outros, e muitos sentiram que suas performances estavam se tornando mais fortes. "Quando eu e Shailene ficamos amigos, as cenas também acompanharam esse processo, de qualquer forma", conta Theo James. "Quando não nos conhecíamos... dava para usar isso nas filmagens. Até que ficamos mais confortáveis na companhia um do outro e com a linguagem corporal um do outro, e usamos isso também."

Muitos dos atores mais jovens estavam loucos para criar alguns movimentos para suas próprias lutas, e o coordenador de cenas de ação, Garrett Warren, fez tudo o que pôde para acomodar seus pedidos e mantê-los seguros ao mesmo tempo. "Fico feliz porque, sempre que podíamos, tínhamos autorização para tentar nossos próprios movimentos, já que (a) essa é a parte divertida, e (b) você pode se alimentar desse tipo de energia e criar algo bom", conta Theo James. Warren acrescenta: "A segurança sempre é o limite em um set de filmagem. Quando discutíamos os movimentos, a segurança era prioridade. Mas também precisávamos fazer o público ver algo mais excitante e perigoso do que qualquer coisa que já tivessem visto. No futuro, é preciso ousar e ir um pouco mais longe do que já fomos."

Shailene Woodley, assim como Tris, enfrentou alguns medos ao fazer o filme. "Não tenho medo de altura... tenho medo de cair", brinca a atriz. "Mas é tão emocionante que preciso seguir em frente e encará-lo. Sinto uma descarga de adrenalina muito grande quando consigo ir além do que pensei." Shailene usou seu medo – e sua sede de adrenalina – para trazer sentimentos reais para a cena em que Tris se oferece para ser a primeira a pular no Fosso da Audácia. Apesar do medo, ela fez a primeira parte do pulo sem dublês.

Acima: Shailene Woodley (Tris) e Jai Courtney (Eric) conversam nos intervalos das gravações.

Abaixo: Miles Teller (Peter) salta do trem da Audácia.

Próxima página: A dublê Alicia Vela-Bailey pula no Fosso da Audácia.

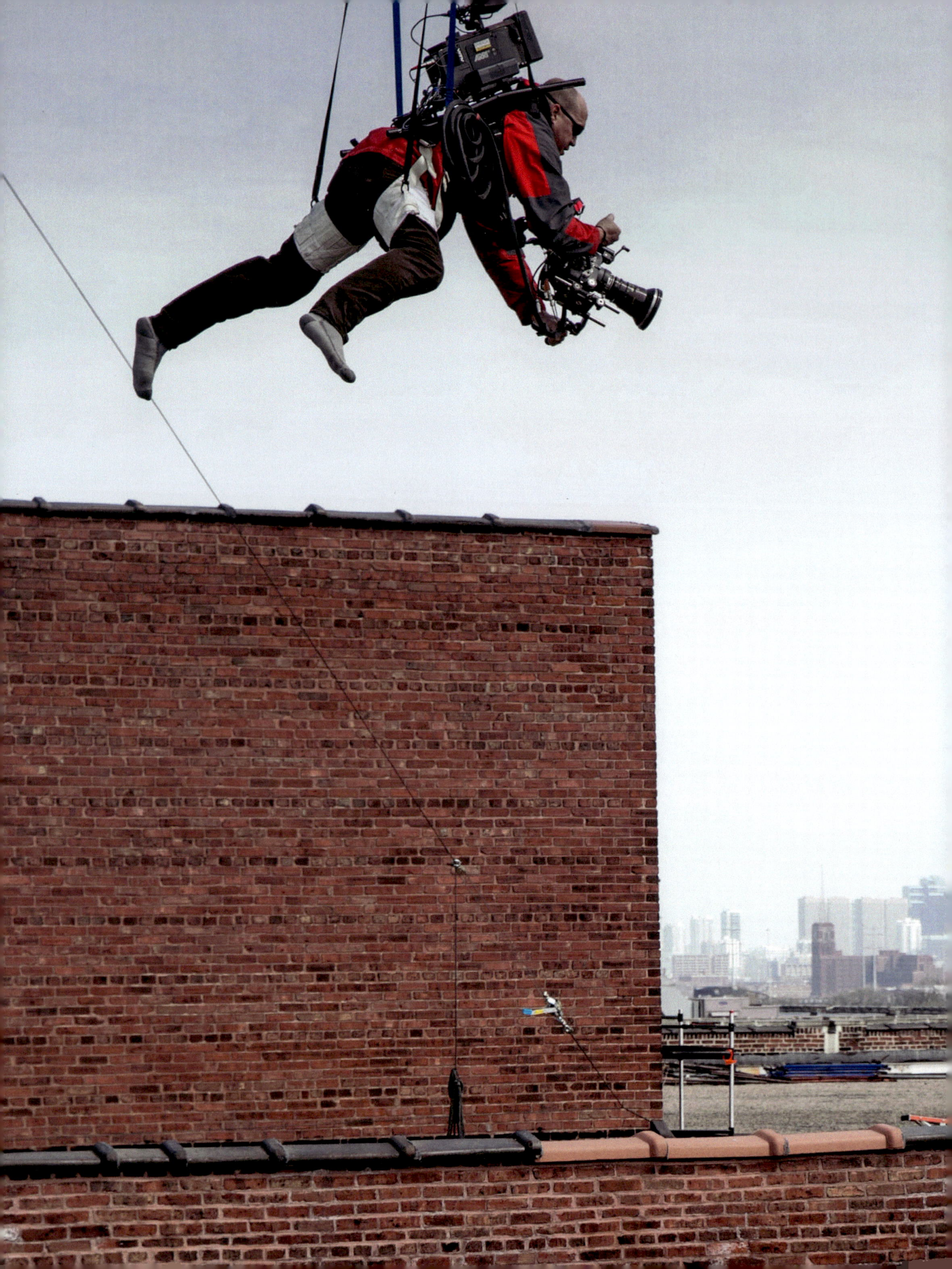

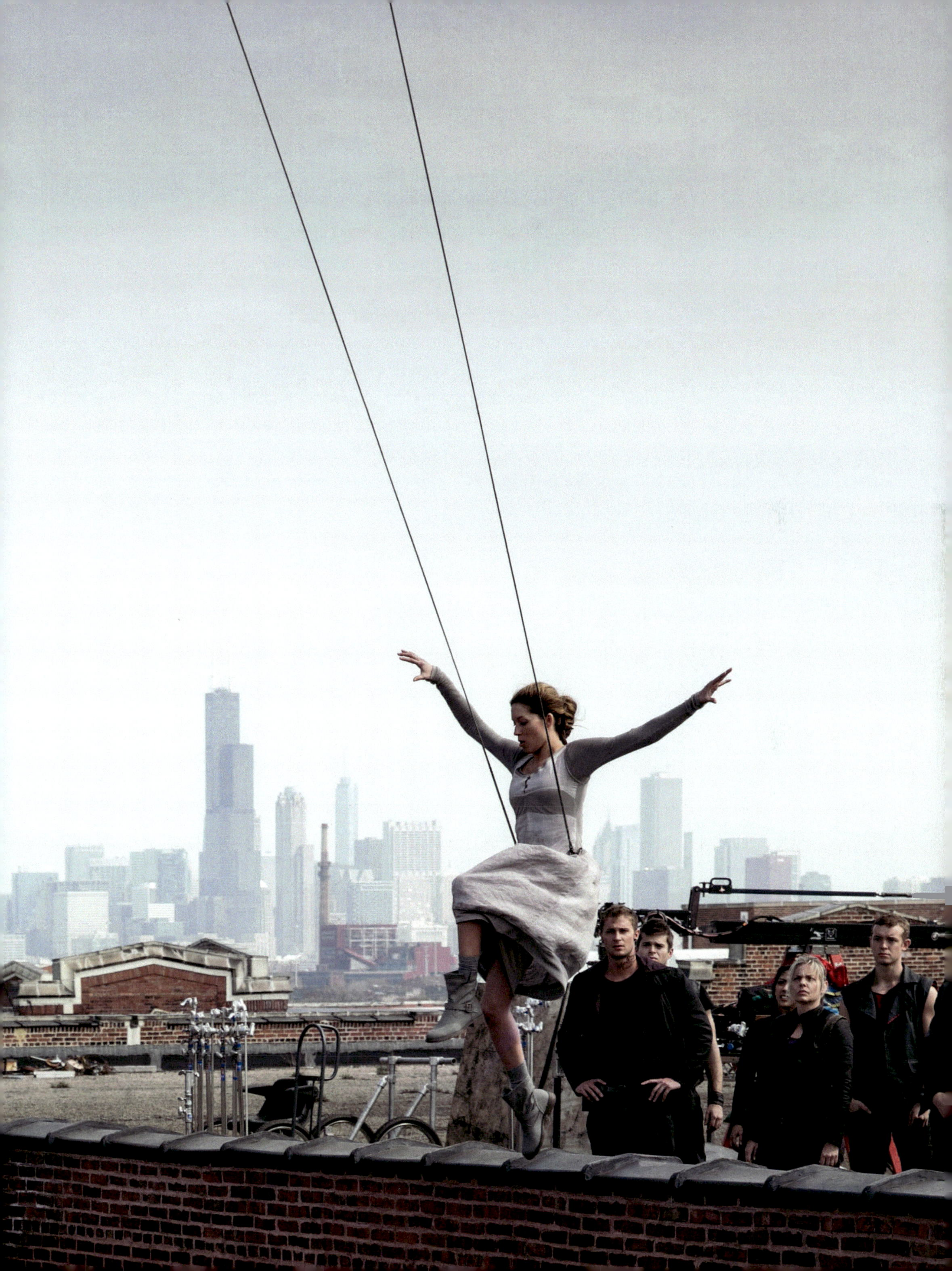

Garrett Warren explica: "Apesar de os efeitos visuais serem ótimos para recriar uma cena, não é a mesma coisa que uma filmagem real. Você não vê um personagem bidimensional cair com o mesmo peso que uma pessoa tridimensional." Shailene subiu ao topo de um prédio de verdade em Chicago, a vinte metros do chão, com vento forte. Ela estava presa por cabos de segurança e tinha uma equipe de prontidão para protegê-la, mas teve que se jogar da borda... várias vezes. Neil Burger acrescenta: "Ela subiu correndo em um trem, saltou dele e agora precisa se jogar desse edifício de sete andares em um buraco sem ter ideia do que há lá embaixo. Já havíamos filmado a cena em que ela cai na rede, em outro prédio, mas essa era a filmagem do topo. Shailene aceita qualquer desafio, então quis pular ela mesma."

O pulo completo foi feito na verdade pela destemida dublê de Shailene, Alicia Vela-Bailey, cujo recorde pessoal, até se candidatar para trabalhar em Divergente, era um salto de dez metros. Aos poucos, Garrett Warren a ajudou a se sentir confortável com a queda de vinte metros. Warren conta: "Mesmo que as bolsas de ar tenham dois metros de altura e cinco de largura, parecem ter o tamanho de um celular quando se olha do topo de um prédio de sete andares, e errar o alvo pode trazer consequências terríveis. Também precisávamos ensaiar como ela agiria durante a queda, porque ninguém quer ver um dublê saltando de um prédio: querem ver Tris!" Enquanto Vela-Bailey caía, Warren estava na frente dela com uma câmera, para gravar a ação.

Abaixo: Shailene Woodley (Tris) tira uma foto enquanto sua dublê salta no Fosso da Audácia. O câmera suspenso é Garrett Warren, coordenador de cenas de ação.

À direita: Shailene Woodley (Tris) e sua dublê, Alicia Vela-Bailey, posam para a câmera.

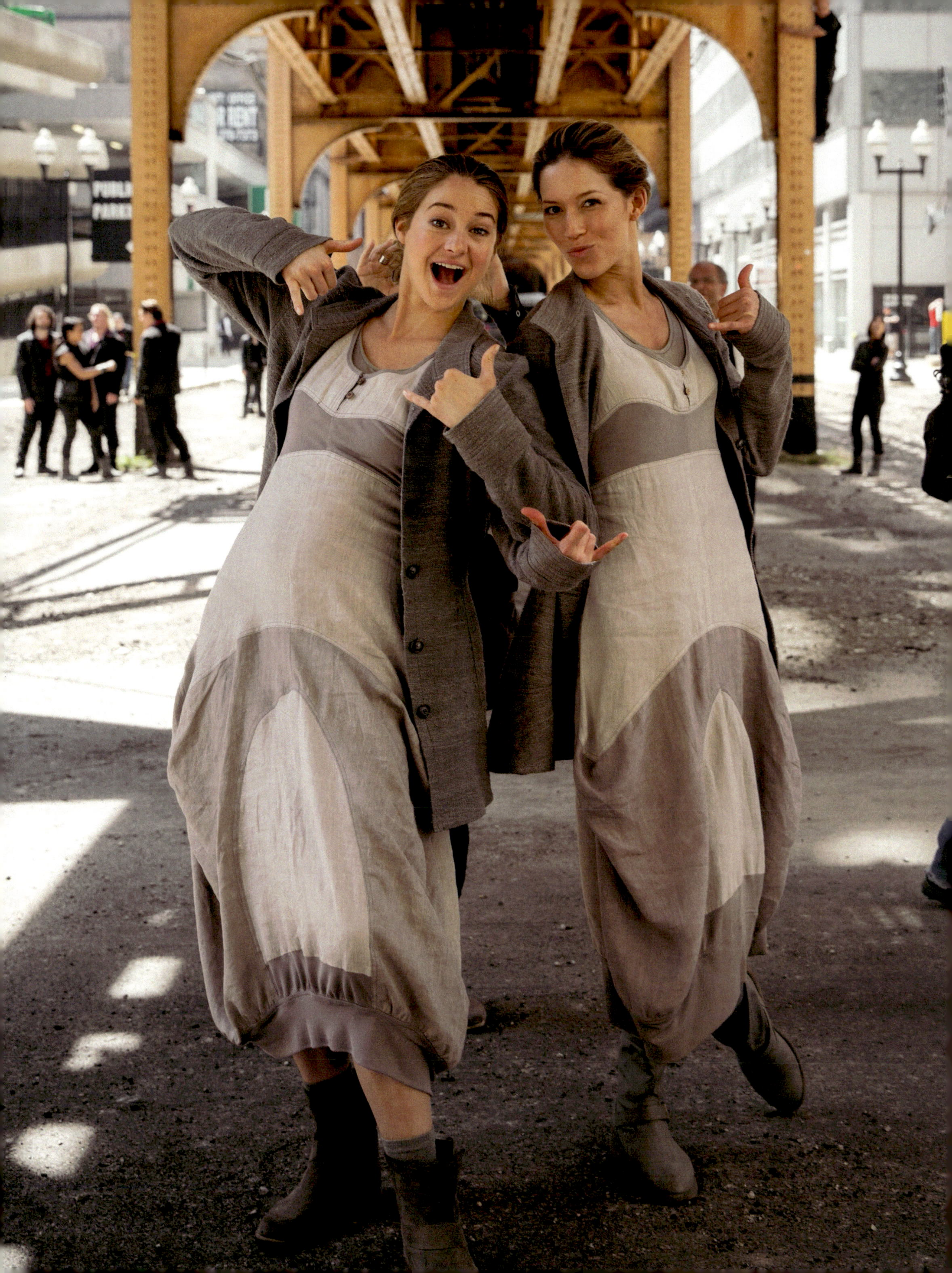

AUDACIOSA AUDÁCIA

Todos os dias de filmagem exigiam muito, fisicamente, dos integrantes da Audácia. "Na sequência do trem, por exemplo", conta Warren, "precisávamos fazê-los saltarem do vagão para um muro. Primeiro colocamos o trem a um metro e oitenta de distância, avançando a doze quilômetros por hora. Era seguro para todos, eles treinaram bastante antes. No dia da filmagem, Neil viu tudo e falou que estava bom, mas seria melhor se a distância fosse um pouco maior e mais assustadora. Acabamos afastando o muro até chegar a dois metros e meio, com o trem avançando a vinte quilômetros por hora."

O desempenho de Shailene deixou Warren mais do que satisfeito: "Não estou surpreso com a capacidade dela de fazer o que faz, estou surpreso com a rapidez com que ela se recupera, porque correr para alcançar um trem a vinte quilômetros por hora é exaustivo, e fazer isso o dia inteiro é ainda mais. Mas ela volta pronta para outra, então merece muito crédito."

O clima frio e úmido da Chicago no início da primavera foi um fator que a equipe de produção teve que contornar. A cena no refeitório da Audácia, por exemplo, foi filmada sob o risco constante de inundação. No entanto, depois que começavam, elenco e produção continuavam a trabalhar – nessa cena e em outras – enquanto fosse seguro.

Uma das sequências que exigia muito esforço físico.

Os atores da Audácia e o diretor Neil Burger tentam se aquecer durante um dia frio de filmagens.

Neil Burger relembra um dia em que o mau tempo poderia realmente ter arruinado uma tomada: "Era a penúltima cena do filme, quando Tris, seu irmão e alguns outros personagens se preparam para escapar da Audácia. Trabalhar com trens, mesmo que você tenha fabricado os seus, é sempre um pouco perigoso, pois são máquinas enormes e pesadas, e os atores precisavam correr para subir neles. Não existe um jeito fácil de se pendurar, e estava chovendo, o que tornava tudo ainda mais perigoso. Tínhamos guindastes enormes sustentando um monte de luzes, tecido e telas verdes... se o vento aumentasse, eles podiam ser levados, e eles deveriam funcionar como para-raios se começasse a relampejar, então a situação foi um pouco complicada... por sorte, nada disso aconteceu. Podemos dizer que foi quase um milagre termos conseguido completar a cena."

Filmar as cenas ao lado da cerca também foi complicado. "Estávamos perto do muro, no meio de um campo à direita do lago Michigan", conta John Kelly. "E quando eu digo lago, quero dizer um mar ou oceano em miniatura. Tinha ondas enormes, navios e tudo mais. Estávamos lá e começaram uns ventos de trinta quilômetros por hora. Os cabelos pareciam ter vida própria. Carrinhos rolavam e tudo estava sendo carregado. Isso foi antes das rajadas de vento, com ondas de quatro metros no lago. Foi uma loucura. Mas conseguimos filmar. E tudo em segurança."

"NÃO ESTOU SURPRESO COM A CAPACIDADE DELA DE FAZER O QUE FAZ, ESTOU SURPRESO COM A RAPIDEZ COM QUE ELA SE RECUPERA."
— GARRETT WARREN, COORDENADOR DE CENAS DE AÇÃO

RODA-GIGANTE, CAÇA-BANDEIRA E TIROLESA

Shailene Woodley e Theo James filmaram a importante cena da roda-gigante de meia-noite às cinco da manhã. A equipe de Burger se esforçou muito para obter autorização para as filmagens no Navy Pier, um ponto turístico popular de Chicago. Em uma noite, precisaram envelhecer a área para fazê-la parecer abandonada há cinquenta ou sessenta anos – adicionando sujeira, musgo, cascalho e ferrugem –, filmar as cenas e limpar o local antes que os turistas chegassem no dia seguinte. Foi uma tarefa complexa, que se tornou ainda mais intensa devido ao frio. "Foi realmente uma provação", relembra Theo James. As mãos dele quase grudavam nas barras, e ele e Shailene passaram quase duas horas no topo da roda-gigante, fazendo cerca de quarenta tomadas.

Apesar do frio, Shailene Woodley se lembra da noite com carinho. "A roda-gigante parece mais complicada e intensa do que de fato foi. Estávamos em uma escada que não era completamente vertical – ela fazia quase um ângulo de quarenta e cinco graus –, presos a cabos de segurança, e foi divertido. Também foi muito bonito... Era noite de lua cheia, o dia do primeiro eclipse lunar do ano. Então Theo e eu tivemos a oportunidade de experimentar aquele momento mágico durante a subida. Não sei se ele ligou muito, mas eu achei maravilhoso."

Acima e à esquerda: A cena da roda-gigante, com Theo James (Quatro) e Shailene Woodley (Tris).

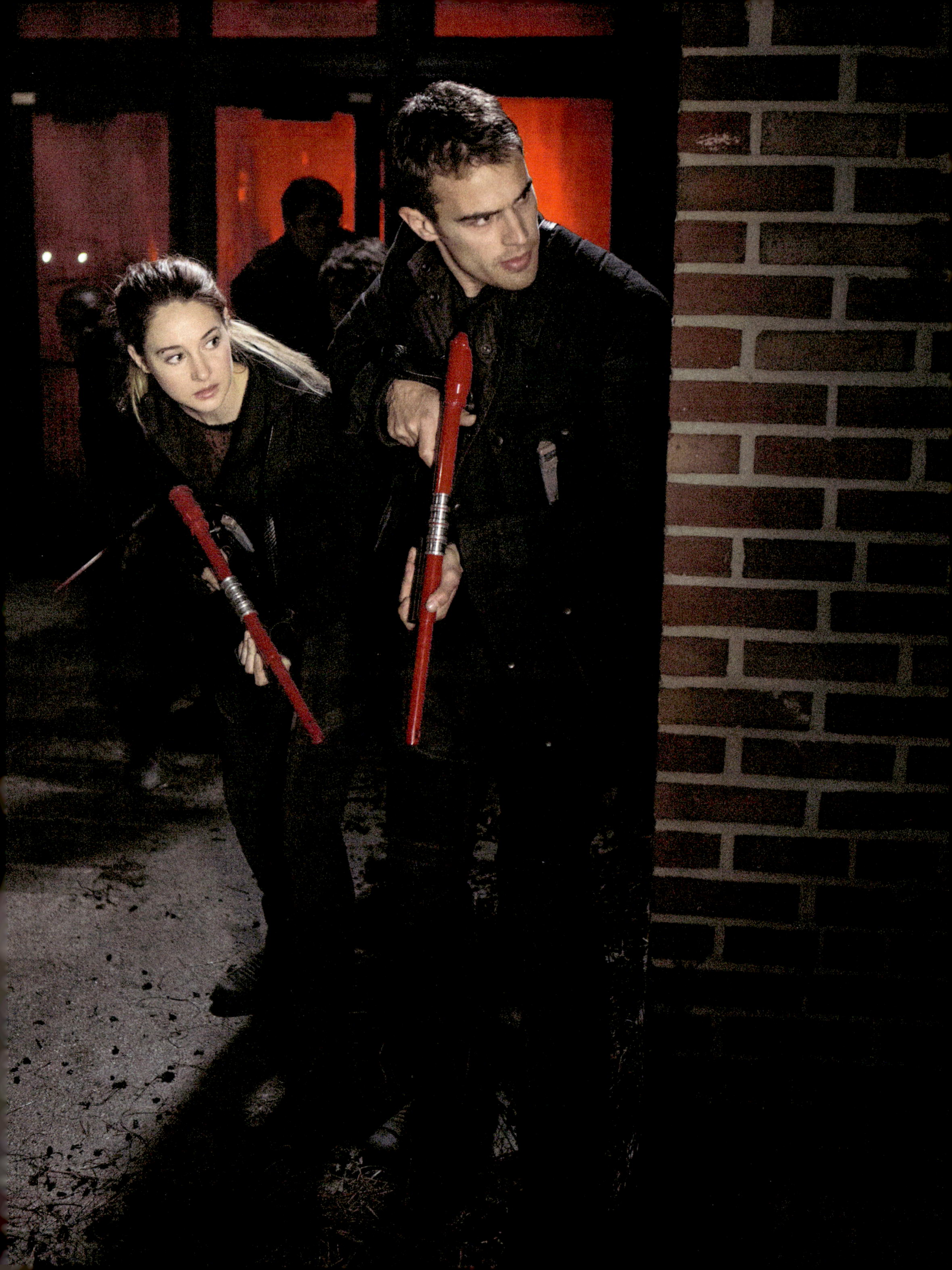

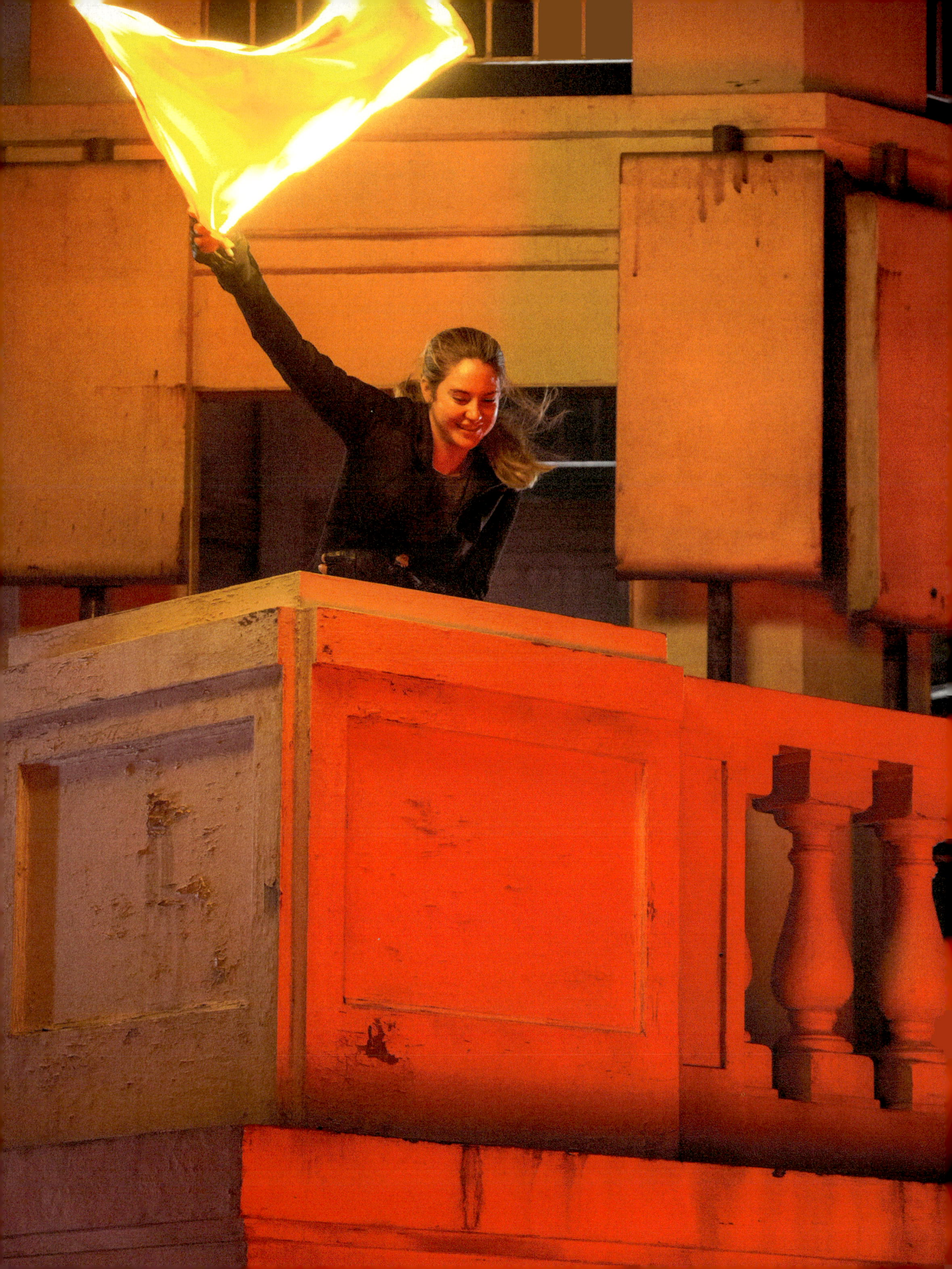

Embora essa importante cena tenha sido filmada com atores reais em um lugar real, algumas das outras cenas difíceis tinham mais efeitos e precisaram de um planejamento cuidadoso, além de boas interpretações diante de telas verdes. Greg Baxter, o diretor de efeitos visuais, explica: "Na paisagem do medo de Quatro, quando ele está no topo de um edifício enorme, precisamos colocá-lo se equilibrando em cabos suspensos entre dois arranha-céus, mas obviamente não faríamos isso de verdade. Colocamos os atores em um cenário de tela verde, com um colchão para amortecer uma eventual queda, e todo o cenário foi criado por computadores. Mas precisava parecer exatamente uma fotografia desses prédios, tirada, por exemplo, ao meio-dia de um sábado."

Quando Tris desce na tirolesa do edifício Hancock, em Chicago, metade da cena foi feita pelos atores e metade por efeitos visuais. A equipe de Burger criou um cenário parecido com o topo do edifício Hancock e filmou Shailene (e outros membros da Audácia) descendo pela tirolesa. Mais tarde, a equipe de efeitos de Greg Baxter filmou cenas do topo da torre a partir de um helicóptero e uniu as imagens com uma cena de Tris no chão, após a descida. Essa cena precisou de meses de planejamento, pois os produtores tinham que pensar em como fazê-la bem, respeitando os limites do orçamento. É uma cena curta, mas importante para estabelecer um dos pontos altos da iniciação de Tris.

Theo James (Quatro) e Shailene Woodley (Tris) se equilibram em frente à tela verde na filmagem de uma das paisagens do medo de Quatro: o equilibrista.

Figurantes da Audácia se preparam para segurar Shailene Woodley (Tris), que desce de tirolesa.

DIVERSÃO ATRÁS DAS CÂMERAS

As semanas de treinamento serviram para aproximar o elenco, e eles fortaleciam o vínculo após os dias de trabalho com visitas a shows e eventos esportivos. Christian Madsen fez o primeiro arremesso em um jogo do June Cubs, e vários membros do elenco estavam presentes na noite em que os Chicago Blackhawks venceram os Los Angeles Kings e foram para as finais da Stanley Cup. Um grupo de atores também se divertiu em um show dos Rolling Stones, no qual a convidada Taylor Swift se juntou de surpresa a Mick Jagger no palco.

Para Veronica Roth, alguns dos momentos mais divertidos aconteceram durante os ensaios. "É quando ainda estão marcando a cena, para que todo mundo saiba suas posições", conta. "Os

Acima: Amy Newbold (Molly) e Ben Loyd-Hughes (Will) em um jogo de beisebol dos Cubs em junho de 2013.

Abaixo: Ben Lloyd-Hughes (Will), Christian Madsen (Al) e Amy Newbold (Molly) durante o intervalo de um dos jogos de beisebol a que foram juntos.

atores passam a cena bem depressa e geralmente se divertem um pouco. Theo James e Shailene Woodley estavam batendo freneticamente em um computador de tela verde, e Theo de repente brincou: 'Rápido! Preciso atualizar meu status no Facebook!' e Shailene respondeu: 'Mas o que eu posto no Twitter?!'"

A amizade entre as atrizes Shailene Woodley e Zoë Kravitz continuou a crescer. "Temos muito em comum", conta Shailene. "Mesmos antes de nos conhecermos, tínhamos amigos em comum, então já havia respeito e afeição de uma pela outra, e foi muito legal trabalhar com ela. Estávamos cercadas de gente, temos dez irmãos nesse filme, então é ótimo ter uma irmã ao seu lado."

Seus "irmãos" se relacionavam de um jeito diferente: faziam piadas constantes. O humor atingiu o nível máximo (ou mínimo) depois de uma visita de Veronica Roth. De acordo com Miles Teller, que interpreta Peter: "Alguns personagens morrem no filme, não é? Então eu disse: 'Veronica, se você pudesse trazer um personagem de volta, qual seria?' E ela respondeu: 'Ah, seria Will. Sempre adorei Will.' E Ben [Lloyd-Hughes, que interpreta Will] ficou muito feliz e meio metido." Teller sentiu que o colega de elenco estava pedindo para que lhe pregassem uma peça.

Teller pediu a um dos assistentes de produção para comprar um balão e um cartão, que ele deixou no trailer de Lloyd-Hughes com um bilhete, supostamente de Veronica, dizendo que os dois deviam se encontrar para conversar sobre o papel de Will nos próximos filmes. Lloyd-Hughes podia enviar uma mensagem para ela, dizia o bilhete. Só que o número no cartão pertencia a Jai Courtney, que interpreta Eric.

"Então Ben nos disse: 'Gente, acho que vai acontecer uma reviravolta com Will. Acho que ele volta dos mortos. Ela não falou nada sobre ressurreição, mas acho que é algo do tipo'", lembra Teller. "Eu ria tanto! Mas aí ele mandou uma mensagem para Veronica quando Jai estava sentado ao seu lado, e, quando ouviu o telefone dele fazer barulho, acabou se tocando..."

Lloyd-Hughes ainda ri quando ouve a história. "Foi bem patético", revela, sacudindo a cabeça. "E isso é tudo que vou dizer."

Shailene Woodley (Tris) e Ansel Elgort (Caleb) se divertem durante as filmagens.

CONHECENDO KATE WINSLET

Embora o elenco da Audácia estivesse em Chicago desde o começo das gravações, os outros atores só se juntaram ao grupo na hora de filmar suas cenas. A última a chegar foi quem todos queriam conhecer.

"Havia uma atmosfera mítica no dia da chegada de Kate Winslet, que é admirada, respeitada e um pouco temida pelo restante do elenco", reconhece a produtora Lucy Fisher. "Ela chegou caracterizada, usando saltos de quinze centímetros, e ficou com eles o tempo todo. No começo, acho que estava se mantendo um pouco distante, só para mostrar que não deveriam se meter com ela."

Kate estava grávida de cinco meses durante as filmagens, mas isso não a atrapalhou, nem amoleceu a dureza de Jeanine. Tomada após tomada, sua frieza roubou a cena e dominou os personagens ao redor. Sua atuação foi dominante e forte.

Lucy conta: "Eu diria que para nós, produtores, um dos melhores momentos foi vê-la chegar com umas oito ou dez perucas, para descobrir o visual que queria. E já tínhamos visto o figurino da Erudição nas pessoas da Erudição, mas não em uma integrante vencedora do Oscar, que chegou e logo assumiu o comando. O que ela é capaz de dizer com um olhar ou uma virada de

Jeanine Matthews (Kate Winslet) intimida até mesmo os mais corajosos membros da Audácia.

À direita: Maquiadores preparam a mão de Kate Winslet (Jeanine Matthews) para uma grande cena.

pescoço, antes mesmo de começar a falar... é absurdo. Ela consegue fazer todo mundo atuar melhor."

A agenda da atriz não lhe permitia passar tanto tempo no set quanto os outros atores, mas Kate se arrepende de não ter ficado mais tempo com eles. "Acabei de passar por três semanas muito intensas aqui", declarou no fim das filmagens. "Mas o pessoal está aqui há três meses. Para mim, foi ótimo passar esse tempo curtinho com eles, mas também foi um pouco triste, já que demorei a me envolver nessa harmonia fantástica, nessa grande camaradagem no set, que é, em grande parte, obra de Neil Burger. Ele cultivou esses relacionamentos bem cedo com todos os atores."

Kate viu muito de si em Shailene e fez questão de encorajá-la durante os longos dias de trabalho. "Ela me lembra muito de mim mesma quando tinha vinte e um anos, sabe? É preciso determinação e foco para fazer algo como o que ela está fazendo. Eu me lembro de me sentir assim, como se eu precisasse ser a líder, e ela tem bastante disso. Já estive nessa situação, e é como se preparar para uma maratona."

> "HAVIA UMA ATMOSFERA MÍTICA NO DIA DA CHEGADA DE KATE WINSLET."
> — LUCY FISHER, PRODUTORA

"DÁ UMA ALEGRIA VER UMA ATRIZ PROEMINENTE DE SUA GERAÇÃO CONTRACENAR COM UMA ATRIZ PROEMINENTE DA NOVA GERAÇÃO... TUDO QUE A GENTE CONSEGUE FAZER É FICAR PARADO ASSISTINDO, MARAVILHADO."
— Lucy Fisher, PRODUTORA

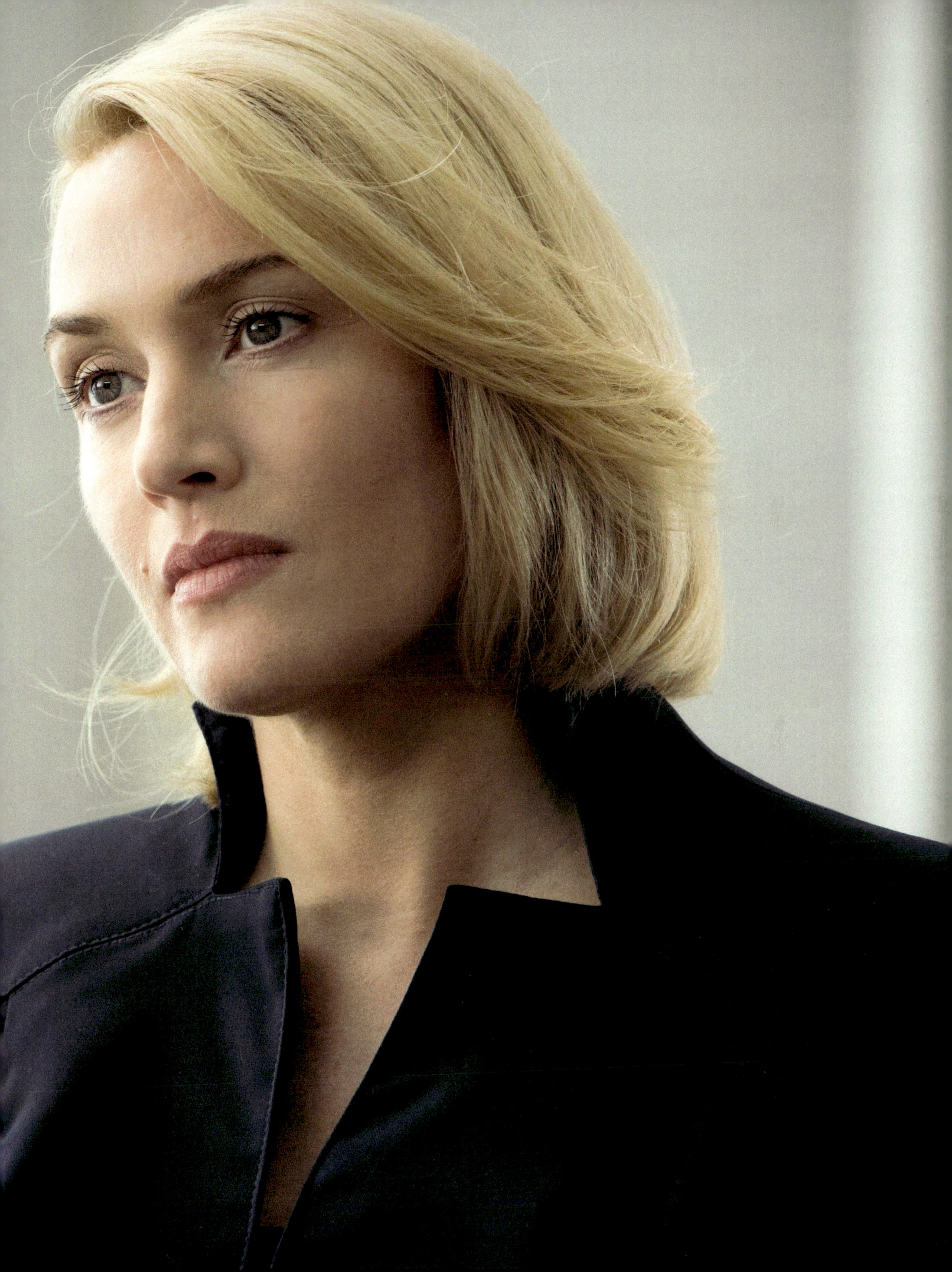

FÃS DE *DIVERGENTE* NA ÁREA!

O problema de adaptar um livro famoso como *Divergente* na era das mídias sociais é que nada fica em segredo. Embora os cineastas tentassem ocultar os detalhes da produção, foi impossível impedir que informações sobre um projeto com tantas pessoas e tantas locações diferentes acabassem vazando. Em pouco tempo, todos os sites de fãs de *Divergente* haviam revelado que durante as gravações o filme foi apelidado *Catbird*, e, quando os fãs mais observadores viam placas das locações de *Catbird* por Chicago, postavam a informação no Facebook e no Twitter. Não demorou muito para os fãs descobrirem de onde o elenco e a produção estariam nos próximos dias. Alguns sets eram completamente fechados, é claro, mas outros ficavam ao ar livre, como a vila da Abnegação. Quando os fãs apareciam por lá, os atores se mostravam acessíveis, recebendo os visitantes e tirando fotos sempre que possível.

À esquerda e acima: Fãs de *Divergente* posam com Shailene Woodley (Tris) e Theo James (Quatro).

Além disso, a produção convocou muitos figurantes, em Chicago e nos arredores, para interpretar membros das diferentes facções. Os fãs que se encaixassem nas descrições exigidas corriam para se candidatar assim que saíam os comunicados de imprensa: "Pessoas com aparência forte/feroz/intimidante. Preferência por corpos atléticos ou musculosos." Ou: "Pessoas de disposição suave, com estilo hippie ou boêmio. Preferencialmente de cabelo longo (homens e mulheres)."

O produtor executivo John Kelly explica: "As pessoas queriam saber o que estávamos fazendo. Queriam saber onde filmaríamos. Queriam ver os cenários. Queriam ver o que os atores vestiriam. Apresentamos os atores a eles, e todos ficaram alucinados. E foi tudo tão sincero que a gente ficava animado de pensar em como seria quando tudo estivesse pronto. Precisávamos fazer o melhor possível ao transformar esse livro em um filme para que os fãs sentissem vontade de assisti-lo várias vezes."

Em vez de tentar deixar os fãs de fora, a equipe de produção os convidou a divulgá-lo, a espalhar por aí como o filme estava de fato captando o espírito do livro e indo muito além.

A FIGURANTE PERFEITA

Enquanto escrevia seu primeiro romance, Veronica Roth jamais poderia imaginar que algum dia adaptariam sua obra para o cinema... Nem que um dia apareceria como figurante desse mesmo filme! Mas Roth topou o desafio, e isso a deixou ainda mais envolvida com as filmagens.

Ela respondeu para este livro algumas perguntas sobre a experiência.

QUAL FOI SEU PAPEL?

Interpretei um membro da Audácia que ia descer na tirolesa. Na cena, nosso grupo escancara uma porta do terraço de um prédio, completamente sem fôlego, e depois contempla a cidade lá do alto. Em seguida, começam as descidas e todos torcem pela Tris na vez dela.

ONDE A CENA FOI FILMADA?

Em um estúdio do Cinespace! Lá havia um terraço falso imitando o edifício Hancock cercado de tela verde.

COMO FOI A EXPERIÊNCIA?

Pra mim foi muito... assustador! Nunca tive vontade de atuar, nunca. Sou péssima nisso e fico muito desconfortável diante de câmeras, o que não é a melhor combinação para quem vai fazer uma ponta em um filme! Então precisei arranjar um pouco de coragem naquele dia. Minha personagem seria a primeira a passar correndo pela porta, depois pararia e olharia ao redor com um misto de ansiedade e admiração, depois andaria até o parapeito. Durante as gravações, eu ficava indo direto para o parapeito, quase fugindo da câmera. Mas todo mundo foi incrivelmente gentil e paciente. Neil vinha toda hora me ajudar, e Artist Robinson, um dos diretores assistentes, até me disse algumas palavras de motivação. Acho que no fim conseguimos uma tomada ou duas que eles poderiam aproveitar, o que foi um alívio! Mas a melhor parte do dia foi usar o figurino e fazer uma "tatuagem" (a minha era no pescoço!), o que literalmente me tornou parte do filme, já que, até aquele dia, eu só assistia dos bastidores. Foi um dos últimos dias de filmagem, e, embora tenha sido assustador e desconfortável em alguns momentos, eu não trocaria essa experiência por nada.

VOCÊ TEVE ALGUMA FALA?

É com imenso alívio que respondo que não, eu não tive falas.

À esquerda: A autora Veronica Roth, caracterizada como membro da Audácia, exibe sua tatuagem (provisória!) no pescoço.

Abaixo: Vestida como membro da Audácia, Veronica Roth se diverte com Shailene Woodley (Tris) e o diretor Neil Burger no intervalo das filmagens da cena da tirolesa.

QUE TIPO DE ORIENTAÇÃO VOCÊ RECEBEU DE NEIL?

Ele me disse para focar em um objetivo por vez. Sugeriu que, no caso, meu "objetivo" depois de passar pela porta seria "recuperar o fôlego." Ele estava tentando desacelerar meu fluxo de pensamentos para que eu focasse em uma coisa de cada fez e fizesse tudo parecer mais natural. Foi um ótimo conselho! Mas o que eu mais agradeço é pela calma e paciência dele, embora fosse óbvio que eu estava atrasando a filmagem. Ele me fez sentir muito mais à vontade.

COMO ERA SEU FIGURINO?

Usei roupas típicas da Audácia: botas pretas, calças pretas com bolsos de rede e um suéter cinza bem escuro. A cena se passa depois do jogo de caça-bandeira da Audácia, então estávamos usando uns casacos meio acinzentados com pequenas luzes coladas. E, é claro, uma linda tatuagem no pescoço e alguns brincos típicos da Audácia, feitos de porcas e parafusos.

O QUE MAIS VOCÊ PODE DIZER SOBRE A EXPERIÊNCIA?

Ser figurante é difícil! Você fica um tempão esperando para filmar, usa roupas de frio em salas quentes, precisa reagir diante de telas verdes, não pode se deixar desanimar nem por um minuto... E ninguém quer ser aquele que estraga a tomada, então é preciso concentração. Nunca mais vou pensar sobre figurantes da mesma maneira!

À esquerda: Como figurante, Veronica Roth (no canto inferior esquerdo) finge contemplar a vista durante a cena da tirolesa.

Acima e à direita: A mãe da escritora também fez uma ponta no filme, como membro da Erudição. Na foto maior, ao lado do figurinista, Carlo Poggioli, e, à direita, durante a cena.

POR ENQUANTO, É SÓ

As filmagens em Chicago acabaram na metade de julho de 2013. Neil Burger ainda tinha muitos meses de trabalho, cortando e editando o filme, mas o restante da equipe de *Divergente* iria se dedicar a outros projetos até a hora de se reunir novamente para promover o filme. Kate Winslet estava esperando um bebê, Shailene Woodley estava prestes a começar as filmagens de *A culpa é das estrelas* (no qual Ansel Elgort, que interpretou seu irmão em *Divergente*, seria seu par romântico), e Veronica Roth estava a alguns meses de publicar *Convergente*, o último livro da trilogia Divergente, que certamente encabeçaria as listas de mais vendidos. E os fãs? Bem, eles ainda teriam que esperar um pouco mais.

No fim, o produtor Doug Wick declarou: "*Divergente* é um filme sobre assumir o controle da própria vida. Se passa em um mundo que não funciona direito, e a mensagem que transmite é: se conseguir desvendar sua essência e acreditar em si mesmo, você pode ficar bem."

De fato, quando a história chega ao fim, Tris Prior se vê, ao mesmo tempo, fortalecida e fragilizada. Ela pensava que tinha feito a escolha mais importante da sua vida durante a Cerimônia de Escolha, quando se decidiu pela Audácia em vez da Abnegação, e colocou a facção acima do sangue. No fim, as consequências de sua escolha ficam claras. Sem querer, ela ajudou a deixar a Abnegação vulnerável ao ataque da Erudição. Agora, sua família está arruinada, as facções estão em frangalhos e a cidade está à beira de uma revolução.

Mas Tris agora integra a Audácia, é tão forte e corajosa como qualquer outro membro da facção. Na verdade, ela é mais do que elas: é Divergente.

Da esquerda para a direita: O produtor Doug Wick, Ashley Judd (Natalie Prior), Shailene Woodley (Tris Prior), Ansel Elgort (Caleb Prior), Tony Goldwyn (Andrew Prior) e o diretor, Neil Burger, em um momento de descontração no set, ao lado da escritora Veronica Roth.

LEIA A SÉRIE COMPLETA
DIVERGENTE

UMA ESCOLHA PODE TE TRANSFORMAR

DIVERGENTE
VERONICA ROTH

UMA ESCOLHA VAI TE DEFINIR

CONVERGENTE
AUTORA DA SÉRIE BESTSELLER DIVERGENTE
VERONICA ROTH

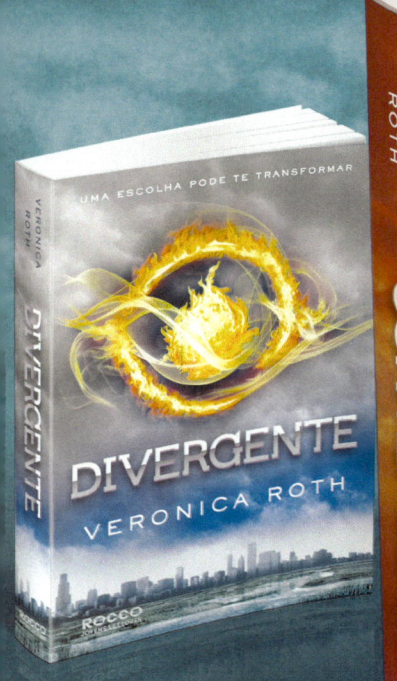

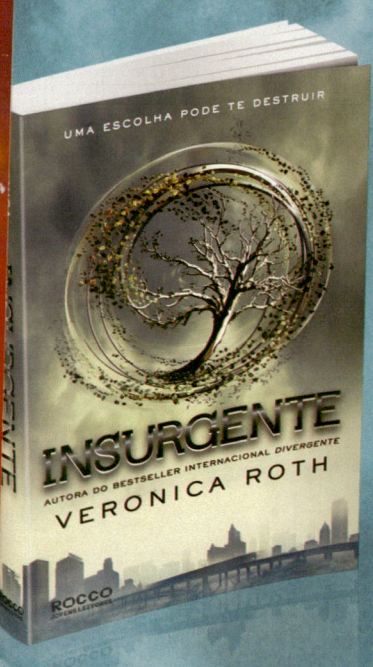

UMA ESCOLHA PODE TE DESTRUIR

INSURGENTE
AUTORA DO BESTSELLER INTERNACIONAL DIVERGENTE
VERONICA ROTH

DA AUTORA BESTSELLER DO *NEW YORK TIMES*
VERONICA ROTH

f /DIVERGENTETRILOGIA

ROCCO JOVENS LEITORES

MAIS LIVROS DA SÉRIE BESTSELLER DO *NEW YORK TIMES*

DIVERGENTE

DIVERGENTE – GUIA DA INICIAÇÃO

DIVERGENTE – GUIA OFICIAL DO FILME
OS BASTIDORES DA ADAPTAÇÃO CINEMATOGRÁFICA

Mais de 70 fotos do filme DIVERGENTE!

Fotos, entrevistas e exclusividades dos bastidores: Mergulhe fundo na produção de DIVERGENTE!

f /DIVERGENTETRILOGIA

PRUMO